EL SANTO

METAMÓRFOSIS DEL HUMANO

CESAR E. CÁRDENAS

WESTBOW
PRESS®
A DIVISION OF THOMAS NELSON
& ZONDERVAN

Puede hacer pedidos de libros de WestBow Press en librerías o poniéndose en contacto con:

WestBow Press
A Division of Thomas Nelson & Zondervan
1663 Liberty Drive
Bloomington, IN 47403
www.westbowpress.com
844-714-3454

Debido a la naturaleza dinámica de Internet, cualquier dirección web o enlace contenido en este libro puede haber cambiado desde su publicación y puede que ya no sea válido. Las opiniones expresadas en esta obra son exclusivamente del autor y no reflejan necesariamente las opiniones del editor quien, por este medio, renuncia a cualquier responsabilidad sobre ellas.

Escrituras son tomadan de la Nueva Biblia de las Américas (NBLA), Copyright © 2005 por The Lockman Foundation. Usado con permiso.

ISBN: 978-1-6642-8048-9 (tapa blanda)
ISBN: 978-1-6642-8049-6 (libro electrónico)

Las personas que aparecen en las imágenes de archivo proporcionadas por Getty Images son modelos. Este tipo de imágenes se utilizan únicamente con fines ilustrativos. Ciertas imágenes de archivo © Getty Images.

Información sobre impresión disponible en la última página.

Fecha de revisión de WestBow Press: 11/14/2022

PRIMERA PARTE

SEGUNDA PARTE

TERCERA PARTE

PRIMERA PARTE

CAPITULO UNO

INMEMORABLES MOMENTOS

El tiempo podría compararse al fluido de un rio; un continuo flujo de eventos apresurados que en su mayoría pasan por desapercibidos; algunos enjuagan nuestras vidas circulando como un remolino, acumulando detalles que flotaran libremente para luego regresar y recordarnos aquellos momentos impresionantes que forjaron una laguna de emociones, nutriendo nuestras almas, buscando escape, para luego continuar con su destino final.

Esta es una historia que refleja hechos impactantes que desde su inicio fueron impresionándome y destinándome a esta desembocadura que desde muchos años hubiera querido compartir, pero muchos impedimentos tradicionales me lo reprimían.

Mi primera recolección de recuerdos empieza desde el inicio de mi vida; no sé cuánto tiempo antes, pero de mi nacimiento me acuerdo vívidamente; estando dentro del vientre de mi madre, me encontraba flotando en una burbuja color rosa-amarillenta, gozando de una paz interna, experimentando colores y sonidos con una sensación de deleite, sin percatarme que luego vendría un revoltijo que me asombraría llenándome de incógnitas; forzándome a un traslado a un lugar diferente que me enseñaría otro mundo, que desde su inicio me hizo memorizar el olor del mar combinado con el olor a yodo del hospital. (Nací en Miraflores; un distrito de Lima; a las orillas del Pacifico.) Luego sentí por primera vez la separación de mi estado emergido, a la revelación de una luz llena de colores e inelegibles sonidos que penetraban mis sentidos interrumpiendo aquella armonía en la que gravitaba mí ser. Mi madre me conto que estuvimos dos días en el hospital y que no pare de llorar; quizás porque predecía que la paz que estaba acostumbrado había terminado.

Me llevaron a casa, y ahora me veo en una cuna llena de rejas, bien envuelto como a un tamal, casi paralizado dentro de un cuarto semioscuro. Me mantenía entretenido con la apertura de la puerta que reflejaba la luz de la habitación continua. Desde ahí venia un ruido como de conversaciones y risas, que creo, serian de mis parientes y amistades que habían venido a visitar a mi mama y al recién nacido. Era un ruido familiar y las voces igualmente ya las había escuchado anteriormente desde el fondo de mi recoveco.

Muy entretenido con todo lo familiar y, de pronto, sentí algo que hasta este instante lo recuerdo con asombro, ya que ese fue mi primer encuentro con la otra dimensión; déjame explicarlo ya que esa experiencia trazaría mi destino. Estando acostadito, sentí que alguien entraba al cuarto,... girando mi vista como tratando de descifrar que o quien era esa persona, y al no poder verla sentí un poco de miedo; al no poder girar tanto mi pequeña cabecita, hice el esfuerzo y desde el rincón del ojo pude percibir una energía que no tenía cuerpo pero sentía su mirada, sentía su respiro, de pronto sentí que me tocaba como empujándome hacia lo hondo de la cama, ahí volteé la mirada y enderece mi cuello, tratando de no verlo, estaba asustado, y con un sentimiento de sumisión, me cedi a esa fuerza invisible.

Pese a esa extraña experiencia, crecí en esa casa muy contento, ahí vivieron mis abuelos por muchos años y donde creció mi padre con sus hermanos. Era una casa muy amplia con techos muy altos y ventanales en la parte posterior de las paredes, era una casa muy aireada con pasadizos abiertos y patios traseros, en realidad que era muy bonita y lo mejor era que estaba cerca al mar, y se podía respirar el olor a fresco, a playa y se podía escuchar el canto de mil cuculíes.

Durante ese alegre ambiente familiar, siempre hubo un misterio que los mayores querían ocultarnos a mí y a mi hermano mayor, acerca de los espíritus que se trasladaban libremente por todos los cuartos, pero en especial en el cuarto al fondo del patio. Era un cuarto herméticamente cerrado y no se podía visualizar su interior. Mi hermano Pedro y yo, jugamos a empujones y jalones hacia ese cuarto, como retándonos a ser el más valiente; pero que ultimadamente sucumbíamos al terror.

Con el transcurso de los años vine a descubrir que el cuarto lo ocupo una tía abuela que había fallecido hacía muchos años, era raro saber que todavía ella era parte presente de la casa, donde ella se trasladaba por las noches como un espíritu, paseándose por las salas de la casa y que de cuando en cuando se metía a los dormitorios y se sentaba en las camas, como dándonos una visita. Lo raro de todo esto es que no todos percibían su presencia. Ese susto era algo cotidiano; mi abuelo nos resondraba por estar hablando de eso; nunca supe si el también sentía su presencia ya que nunca lo confeso.

Mis padres finalmente se mudaron de casa, yo creo causado por las exigencias de mi madre, que andaba muy asustada. Ella se llamaba Chela o mejor dicho Graciela, nosotros nunca la llamábamos por su nombre de pila, para nosotros era Chelita y se lo merecía ya que era una mujer de arto cariño y amor por sus hijos. Una mujer privilegiada ya que por donde iba, siempre era bienvenida. Para mí fue mi mejor amiga y mi confidente que me ayudo a crecer confiado en mí mismo. No creas que, siendo mansita, nos dejaba hacer lo que queríamos…no al contrario, nos perseguía y nos daba fuetazos, por gritones y majaderos.

Con mi hermano, desde un principio fuimos unidos, amigos y rivales y aunque el me llevaba dos años más de edad, nos salíamos a la calle a mataperrear por toda la ciudad; él era muy alocado y cuando se disforzaba, no había nadie quien lo podía aplacar; muchas veces me exhausto al punto de buscar escape desesperadamente.

Yo me quedaba en épocas de verano en la casa de mi abuela materna, como escapando de la bulla de mi hermano. Ella también tenía una casa grande de techos altos y bien aireada con patio interno y huerta en la parte posterior, era una casa muy alegre; mi abuelo había construido en ese terreno otras casitas donde dos de ellas vivían unas tías que revoloteaban por doquier, tenían muchas comodidades y su fuerte era la cocina, ahí es donde cultive mi apetito culinario, me encantaba pasar el verano con ellas.

En esa casa nunca tuve ninguna experiencia espiritual, más bien todo era tan normal y cotidiano que me daba fuerza y respaldo, ellas me daban todo lo que quería, sea comida, dulces, helados, revistas cómicas, e inclusive me llevaban al cine a ver películas graciosas del siglo de oro mejicano.

Mis tías me compraron libros para aprender a leer y escribir y también me llevaban a las kermeses de un colegio particular de sacerdotes católicos. Ahí eran muy divertido los juegos y partidos deportistas; me enamoré del colegio y le dije a mi familia que quería estar inscrito para el primero de primaria desde ya. Siendo todavía muy infante, mis tías me preparaban con la lectura ya que tendría que tomar un examen para ser admitido.

Durante ese lapso, curioseando los libros de mis tías me encontré con un libro con pasta roja que leía La Santa Biblia y empecé a ojearla, me acuerdo que estaba todo lleno de letras pequeñas, en algunas páginas había escritos de color rojo; tratando de averiguar de que era ese libro, fui donde mi abuela y le pregunte de que se trataba La Santa Biblia, ella me contesto que no se podía leer la Biblia porque era para ser interpretada por personas que tenían un llamado especial y ellos descifrarían y nos la relatarían en nuestras clases de religión, incluyendo los servicios dominicanos.

Fue suficiente el hecho de que mi abuela dijese que estaba prohibida leerla, para abrirme una gran curiosidad que hasta la fecha vengo investigando, abriéndome un horizonte de verdades que revelan el plan y los misterios de Dios revelados para nuestra salvación.

Ultimamente después de dar el examen y ser aceptado, entre a estudiar a ese colegio; desde muy temprano fui indoctrinado a creer lo que ellos nos enseñaban, ellos utilizaban revistas, estampitas, escapularios y estatuillas y nos enseñaban a rezar repetidas veces oraciones que ellos habían instituido; tanto me gusto toda esa atención y las estampitas llenas de colores con personajes lindos que austeramente habían logrado su lugar a la santidad.

Me acuerdo de mi primera clase de religión en ese colegio que ya les mencioné. El profesor nos enseña que "Dios es" …y nos da una lista de atributos divinos; me asombre al saber del poder que Él tenía. Uno de los que más me intrigo fue el de que sabía todo desde la eternidad pasada a eternidad futura, que sabía los caminos por los que yo atravesaría.

Durante el resto de la mañana, contemplaba esa nueva revelación con una infantil deducción e intriga, queriendo quizás, comprobar ese dilema. Al salir de la escuela en la hora del almuerzo, tome el camino acostumbrado en dirección a la casa de mi abuela; eran unas seis cuadras, el camino no era directo, sino que por lo usual tomaba una cuadra o a veces dos y luego volteaba a la izquierda una cuadra más y luego hacia la derecha y así consecutivamente hasta llegar a mi destino.

Esa mañana conforme caminaba iba maquinando con la idea de que Dios sabría por donde yo pasaría. De repente ya avanzada una cuadra y en camino hacia la segunda cuadra, ¡paro en el aire!... ya casi con el pie en la vereda,... pauso y me doy media vuelta y salgo corriendo hacia la otra vereda, dando una vuelta a la izquierda, cruce la pista para luego, una vez más darme una vuelta y corriendo y frenándome, hacer un nuevo camino que me estaba trazando; así continué preguntándole si quizás Él sabía lo que iba a hacer "sabias acaso que iba a hacer esto?" y así riéndome de la locura en que estaba, llegue a divisar a mi abuela en la puerta de su casa; la vi angustiada;... acercándome ya donde ella, me dijo: "me has tenido con el alma en un hilo, Donde te habías metido?"... Le respondí: "Estaba jugando con Dios" ella miro mis ojos y me dio una dulce sonrisa, me abrazo para que pase a casa; ...yo le dije "espérate" y mirando al cielo de una forma afirmativa le grite "¡Si!... ¡Ya sé que tú lo sabias!" Y entre contento, había por primera vez conversado con el Todopoderoso.

De regreso por la tarde, me acuerdo de que le pregunte a mi maestro ¿Como podría yo alcanzar esa santidad? ... él me contestó:" convirtiéndote en sacerdote o hermano de esta institución," ...apresuradamente le llego otra pregunta ¿Qué es lo que tengo que hacer para convertirme?... él me respondió: "Ven todos los días que te dictaminemos y empiezas un estudio especial de catequismo y al final del quinto año de primaria, te trasladamos a Cochabamba en Bolivia, a que termines tu seminario que duraría otros 5 años. Luego ya graduado te daríamos un lugar de destino para tu sacerdocio.

Yo me entusiasmé tanto que salí corriendo a avisarle a mi familia que había decidido ser "reverendo". Desde ese entonces mis tías me llamaban por reverendo para arriba y reverendo para abajo; ... yo asistí religiosamente aquel curso que duraba todo el año escolar incluyendo las vacaciones; ... yo estaba decidido a ser santo!, tenía una misión. la de poder interpretar La Santa Biblia.

Curse los cinco primeros años incluyendo los extra-currículos y aunque me parecieron duros y agotados, yo seguía con la esperanza de ultimadamente llegar a ser "santo".

Durante ese periodo sufri la dura disciplina de esa institución; fue un tiempo duro lleno de castigos y resondrones, no pasaba un día sin haber recibido una cachetada, un jalón de mechas, patadas, palazos, e insultos; no había ninguno de los que vestían con sotana que no fuese malo; siempre obligándonos a algo más fuerte de lo que podíamos hacer y sin ningún reparo nos caía nuestro golpe. Muchas veces me hicieron quedarme por la tarde para hacer algún castigo escrito que duraban hasta altas horas de la noche, luego tenía que irme a pie, a la casa de mi abuela, a dormir, porque ya no podía llegar en ómnibus a mi casa.

Las consecuencias de nuestros actos se pagan tarde o temprano; ya sea con un castigo habitual o forjándose de una mala reputación. Algunos tenemos la habilidad de la observación; eso yo lo he ejercitado desde temprano, aprendí a tomar ventaja de la situación; por lo general esta se inclinaba hacia mi favor, yo creo que cultive mis malevos, rutinarios y mañosas costumbres desde muy pequeño. Me gustaba siempre ganar, siempre compitiendo con mi hermano y amigos; yo los veía jugar y aprovechaba mi tiempo extra para practicar constantemente y luego salir y retarlos. Ellos quizás, no tenían esa necesidad, más bien eran indiferentes, y en eso yo aprovechaba para tomarles la ventaja.

Esta inclinación empezó desde que a mis cinco añitos… leí el libro "Gato con Botas" este era un gato maléfico, un personaje que siempre conseguía lo que deseaba sin hacer mucho, nunca tuvo que trabajar para obtener algo con el sudor de su frente. No sé qué es lo que pensaban los Editores al publicar y esparcir estas aventuras por toda Latinoamérica con sus semanales revistas, las cuales religiosamente las conseguía, sea como sea, pero las conseguía, al igual que este gato, yo me estaba convirtiendo en su fiel seguidor.

Mi compromiso para querer ser santo, que empezó el primer año de primaria ya culminaba con un sabor un poco agrio; debido al sufrimiento que pase durante esos cinco años que en parte fueron muy aterradores. El siguiente paso al entrar al primer año de secundaria que se acercaba como un rio lleno de remolinos arrastrando mucha basura que en el curso de los años había acarrado. Ya de una manera rápida y cada día que pasaba; mi angustia crecía; ahora que terminase ese año, vendría el momento de la verdad. Tendría que abandonar a mi familia para embarcarme a la solitud del sacerdocio; a una ciudad de otro país y ahí me esfumaría del cariño de mi familia, mis amistades, y todas las personas que yo estimaba.

Ya casi acabando el quinto de primaria, aquella misión y su entusiasmo que había emprendido, parecía esfumarse y por la gracia de Dios, encontré la mejor excusa para retractarme de aquel voto que hice aun cuando tenía 6 años.

En una clase de uno de los más canallas curas, al entrar lo vi algo confundido; se sentó en la silla de su escritorio y llamo a un compañero a que se acercase donde él estaba sentado; este era un chico blanquito y de carácter muy dulce, el cura le pidió que se sentara en sus faldas; el niño un poco asustado, accedió a lo ordenado y apenas se aposento en las faldas del cura empezó a hacerlo saltar como galopando un caballo. Toda la clase empezó a reírse de lo que estaba ocurriendo y el niño casi llorando por la burlesca situación salto fuera de esas corrompidas faldas y llorando se fue a su escritorio. Para el cura esa historia todavía no había acabado y callándonos a todos, me llamo y me ordeno a que me sentara igualmente en sus faldas; yo apresuradamente rechace su orden contestándole que "yo no me sentaba en faldas de ningún hombre ya que eso solo lo hacían los maricones".

Toda la clase salto de la risa… el cura todo avergonzado se levantó de su escritorio callo a toda la clase y dirigiéndose hacia mí me agarro de las orejas y me saco de la clase dándome cachetadas, agarrándome de la solapa me tiraba rodillazos. Yo lloraba del dolor y le suplicaba compasión, pero él seguía golpeándome e insultándome "puerco desgraciado" me gritaba todo furioso.

Me pude desprender de él y salí corriendo del colegio, llorisqueando por todas las calles, llegue a la casa de mi abuela, toque la puerta y ella me abrió toda asustada sin saber lo ocurrido; yo no podía aguantar el llanto hasta que finalmente pude contarle lo ocurrido. Ella completamente enojada, se vistió y de una mano me llevo directamente al colegio, llegando a las puertas del director nos anunciamos y pudimos entrar a explicarle lo ocurrido.

No sé qué nos pasaba por la mente, estábamos indignados, explicamos lo ocurrido esperando una respuesta reparatoria, pero el director como resultado de esa queja termino convenciéndonos de que sería mejor retirarme del colegio y terminar mis estudios en otro colegio. Mi abuela asombrada por la respuesta y consultando conmigo la decisión que tendríamos que tomar, contemplaba mi silencio hasta que afirmativamente acepte al cambio que se tenía que hacer.

Furiosa y confundida, me llevaba de regreso a casa y por la calle como perdonándose por lo ocurrido, ella sabiendo de todo el esfuerzo que hice todos esos años, me pregunto por mi opinión del resultado; yo veía su aflicción en sus brillantes y llorosos ojos, imaginándome lo duro que había sido para ella ese confrontamiento, era como si ella estaba resondrando los actos de un "santo"; … yo le mencione: "no te preocupes abuelita que esto fue providencia divina, ¡quién sabe si yo hubiese continuado en los cursos de sacerdocio para que ultimadamente acabar como esos hijos de…!"

Mi abuela, asombrada por mi respuesta, me contemplo lloriqueando y, pauso… y me dijo: "tienes razón" … la abrace dándole mi apoyo y diciéndole: es de Dios…es de Dios. Continuamos nuestro camino sin decirnos nada, pero yo sentía que ella seguía preocupada… ¿Que le iba a decir a mi mama? ¿Como se podría escusar ante ella?... ante la familia, ante la sociedad… ¡su nieto había sido expulsado y ella tendría que ocultar la causa!

Antes de entrar a la casa, se secó las lágrimas y me pregunto ¿cómo me sentía? … yo le respondí … ¡muy contento, este suplicio de años se acabó!… entramos y continuamos nuestra rutina como si nada hubiese pasado; ella a sus quehaceres y yo a mis revistas cómicas.

Indudablemente eso fue el final de mis creencias católicas, nunca más le creí a ningún cura ni a ningún Papa, ni a nadie que me quería enseñar algo acerca del catolicismo. Para mi yo ya había perdido la oportunidad de leer La Biblia y ni siquiera me acercaba a ella. En casa cuando se discutía algo de la religión, yo optaba por quedarme callado. Siempre que mi abuela y yo nos quedábamos solos, nos sonreíamos y comentábamos los planes para mi nuevo futuro y nunca más exteriorizamos el pasado.

El atoro, se había descaudalado y todos esos momentos crueles que envenenaron mi alma, se habían desbordado de la laguna negra de mis recuerdos, entonces todo lo vivido fue simplemente una visión, una experiencia que había que olvidar o quizás, archivarla en alguna parte de mi ser… ¡ahora había que crecer!

CAPÍTULO DOS

CONFRONTANDO MUNDOS REALES

Siempre que nos enfrentamos con adversidad, encontramos un lateral camino a tomar, sin saber en muchos casos si será buena esa decisión; si nos llevara a un mundo imprevisto que nos aglomerará a algo inesperado e insólito.

Ahora, ya en camino a mi nuevo colegio; tome una transportación publica que me llevaría a mi destino. La ciudad de repente se había vuelto bulliciosa o quizás eran mis nervios que ansiosamente presentían un caudal de implicaciones negativas ¿Que era ese ruido que me tenía asustado, aforando diversos inconvenientes? Lo veía pasar desde la ventana del ómnibus que me acarreaba hacia mi nueva vida. Había hecho un salto muy grande y estaba nervioso sin saber lo que me esperaba, navegaba y me preguntaba si sería feliz en ese cambio; el ómnibus, abruptamente se para y el chofer con voz ronca me pregunta, "¿se baja?... Habíamos llegado al último paradero... sí, sí como no, salte a la vereda y trate de divisar que tan lejos quedaba mi nuevo colegio.

Sorpresivamente estaba casi al frente del hospital donde nací; el olor de la atmósfera no había cambiado, inhalé como queriendo oler las habitaciones de su interior, como tratando de recordarme del primer momento en que cambio todo; me sonreí y seguí mi camino. Llegue tarde al colegio, este tenía un olor a carboncillo de lápiz y era un local chico, como una casona antigua que la habían convertido en colegio; que comparación con el majestuoso plantel que anteriormente me tenía acosijado.

Mi primer encuentro con mis compañeros fue inolvidable, por primera vez me trompee con otro compañero, pude haberlo aniquilado, pero baje las manos, sonreí y le dije: -tú y yo vamos a ser buenos amigos- la clase se rio y desde ese momento empezó un desorden en mi vida total, nunca me acuerdo donde pelee tanto como en ese colegio, todos esos pleitos me incitaban a hacer cosas que me volcaban de mi sensatez. Empecé a tomar licor y a fumar mariguana, esto cada vez me influía a hacer más travesuras, yo quería agradar a mis amigos y a la misma vez, ser bueno... algo muy dificultoso.

Después del turno de la mañana del colegio íbamos a almorzar con mis abuelos paternos; la casa de mis padres quedaba en otro distrito- pero nuestro colegio quedando a unas cuadras de la casa de mis abuelos y nos favorecía el tiempo para luego regresar para el horario de la tarde.

Casi todos los días mi hermano y yo nos sentábamos a almorzar dando frente a mis abuelos y a la ventana que daba al pasadizo. Era una ventana francesa de esas que tenían puertas que se abrían por dentro y que, al abrirlas, dejaban entrar la luz del día. Me acuerdo ver, constantemente pasar rápidamente una persona que a veces nos estaba observando y yo al verla, saltaba de mi silla e iba corriendo a tratar de divisarla; nunca pude verle cara a cara, por supuesto mi abuelo me preguntaba por qué salía corriendo así de la meza y mi abuela me quiñaba el ojo y me daba una señal de que no le debería contar nada a mi abuelo ya que se enfurecería al enterarse de lo ocurrido, yo le contestaba que había un pajarito muy bonito que estaba parado en el umbral y que quería divisarlo más de cerca... Mi abuelo me resondro diciéndome que de la meza nadie se levanta sino hasta que él se parase.

En una de esas ocasiones juntamente con mi abuela vimos de una manera coordinada, esa sombra que nos observaba desde la ventana y mirándonos juntamente nos fuimos al otro cuarto, donde ella, sin yo decirle nada, me explico lo de la tía bisabuela. Una señora que había vivido con ellos, pero que al morir nunca pudo partir donde los muertos se van.

Me pidió que rezase por su alma ya que ella necesitaba llegar a Dios y que ahora se había quedado estancada en el aire. No entendí mucho de eso, pero nos arrodillamos en un mueble especial que tenía frente a una estatua o figurín y le pedimos por el alma de aquella tía; algo que no entendí es como era eso de quedarse en el aire.

Mi abuela había crecido bajo las creencias católicas y en realidad todos en esa ciudad creían en una iglesia católica, apostólica y romana, yo simplemente les seguía la corriente y veía que, aunque diferenciaban en tradiciones, todos se llamaban católicos.

La curiosidad me era muy enigmática, sentía que me faltaba algo para poder entrar al mundo espiritual, algo que me había conectado desde mi primer encuentro con esa fuerza allá cuando tenía tres días de nacido. Lo recordaba vívidamente, incluyendo los eventos sucesivos; y aunque eran espeluznantes, me forzaba para que se repitiesen, era algo que me forzaba a investigar.

Lo más intrigante era, que mi curiosidad me llevaba a contemplar dramas en mi mente que perturbaban mis estudios. Durante las clases en la escuela, constantemente soñaba con descubrir los secretos escondidos que en algún lugar los tendría que hallar.

Mi abuelo paterno aporto mucho ya que me formo, de una manera indirecta. Como dándome ecuaciones para que yo mismo tomara mis decisiones, mandándome ambages que me hacían pensar, para luego preguntarme si había determinado lo propuesto;... después de un largo jugar con las ideas, le respondía lo que había concluido y siempre las respuestas eran ocurrentes, lo que le causaba risa, eso me alegraba mucho ya que, él era un hombre que vivía en tinieblas, se volvió ciego un poco antes que yo naciera, y muy a menudo lo encontraba sentado en una silla del comedor, solitario, junto con su radio y sus cigarrillos Inca, fumaba mucho; habito que yo también adquirí a muy temprana edad;

le robaba un cigarrillo y cuando él estaba listo para prenderse uno, yo juntamente hacia el ruido y me prendía un pucho, o yo le decía que se lo prendería y prendía para los dos.

Siempre nos sentábamos juntos a platicar por horas, era muy entretenido. Un día regresando de la escuela, nos saludamos y el tanteo que no estaba muy animado; me pregunto "¿qué te sucede?" … no quería contarle mi angustia; - simplemente no estoy muy contento con las clases de historia,-… me habían reprobado, y un rojo era muy resaltante en la libreta; mi papa lo vería y me castigaría;… paso en silencio por un rato, pero el insistía a que le dé una respuesta, y le dije — simplemente no me gusta el profesor ni la clase de historia- se sonrió y me aconsejo que me hiciese amigo del profe, al fin y al cabo lo único importante de esa clase era que tenía que pasarla, sino tendría que regresar en verano a tomarla devuelta…¡Si!… Le conteste, pero mi problema era más grande…yo me había burlado del profe y me había expulsado de su clase por dos semanas.

Todo se me iba acumulando, pronto no habría vuelta que darle y tendría que regresar en verano a estudiar la repuesta clase. -El sonriente me dijo, "yo te entiendo, simplemente tienes que pasar el curso" … Fíjate todo lo que él te está enseñando es ilusorio ya que él está siguiendo solamente lo que sus maestros le enseñaron, y a estos otros maestros que inventaron una historia que se inclinaba al partido político que favorecían, así todas las clases de historia son erróneas, nadie estuvo en vivo para atestiguarlo y nunca sabremos si lo escrito fue verdad.

Yo asombrado y queriendo ganar ventaja de lo que estaba escuchando le pregunte y ¿cuántos cursos son erróneos? Él se sonrió y me dijo "la mayoría" … ¡la mayoría exclame!…hubo un silencio como que lo estaba pensando, para luego afirmármelo con esta sentencia:… "Pon atención y razona con lo que te voy a decir,… pauso, y luego de unos segundos continuo como aclarándome las cosas: "Mira … cuando naciste yo vi a un niño precoz que tenía todas las respuestas llenas de ocurrencias sabias… infantiles pero eran sabias,… hasta allí todo sonaba bien,… continuo expandiendo su exposición-, …estaba orgulloso de la mente con que habías nacido; pero, poco a poco estoy viendo que te estas volviendo muy juguetón y tus respuestas son burlonas; te estas convirtiendo en un payaso, y eso se tiene que cambiar, y para hacerlo debes de pensar antes de responder; tu solo te estás haciendo daño, tu familia, tus amigos, tus profesores y todos en la calle ya saben que eres muy malcriado, utilizas tu creatividad para hacer juego de todo".

¡Ese resondro, me caía de perilla!… Nos mantuvimos en silencio como por unos cuantos minutos… y conforme pasaba el tiempo, me preguntaba ¿qué le respondo?... ¡LOS MINUTOS PASABAN! y no se me ocurría nada, sabía que lo que me había dicho era verdad, me había vuelto un ¡payaso!, … empezaron a salirme lágrimas y el sonido del sobajeo de ellas, le llamo la atención, estiro su brazo y me abrazo como amigo, ahí ya no pude aguantar y empecé a sollozar, …acuérdate me dijo…no todo lo que se te enseña va a ser verdad; solo te estaba probando y tú te creíste la mentira… se rio y me dijo… "así es en todo"… "no debes de dejarte llevar por lo que te digan o el qué dirán, tú debes implantar tus ideas y pensamientos y formar tu criterio, pero basadas en tu verdad."

Esa reflexión me había causado un gran impacto, durante las siguientes semanas estuve meditando en lo dicho y luego de ese tiempo me senté a conversar con el viejo sabio, el me pregunto ¿"Como van las clases de historia?" A lo que yo le respondí....-ese problema está resuelto-... le conté al profesor lo que me habías dicho y le dije que tu fuiste alcalde de una ciudad andina y que sabias mucho de historia. El profesor asombrado me dijo "vaya por fin encuentro a alguien que sabe la ¡VERDAD!, ... ahora, él y yo nos hemos hecho amigos y en las horas de recreo me cuenta la "verdadera historia", simplemente me dice que lea el libro del currículo y responda conforme a lo que dice. La carcajada de mi abuelo se escuchaba hasta donde el vecino y me dijo: "vez solo tienes que hacer algunas modificaciones en tu comportamiento y todo resultara bien."

Entendí desde ese entonces que siempre habría alguien que trataría de disrumpir mi tranquilidad y mi rutina, inclusive mi abuelo pasándome una jugada que yo me la estaba creyendo; pero de todo esto, comprendí que la mayoría de las personas tenían un instinto perverso de tratar de hacer caer al otro, ya sea mi hermano, un familiar o un extraño; eso me inclinaba a ser más exclusivo con las personas que habituaba; siendo con ellos de una manera u otra; más cariñoso, pero sabiendo que quizás ellos no lo apreciarían de la misma manera.

Para mí, mis familiares fueron casi los únicos con quien podría confiar; lo único que me diferenciaba era lo generacional, ellos eran muy anticuados en su manera de ser y para mí la vida tenía que evolucionar; no se podía actuar esclavos del "qué dirán", siguiendo las tradiciones que en su mayoría eran dominantes y no tenían sentido.

Entre mis amigos, que ya se iban acumulando en gran cantidad, podía observar que los hombres trataban de subyugar a las mujeres y si ellas eran respondonas, recibirían una burla o un pequeño asalto físico, no muy fuerte, pero si, les dejaban entender que se tenían que callar. Eso, creo que hizo que, en las reuniones, los hombres se divertían por un lado y las mujeres por el otro, quizás era lo más apropiado, pero yo rompí con esas normas y me gustaba juntarme con las mujeres también, ellas eran graciosas y no estaban hablando de futbol todo el día; entretenían sus mentes en juegos de cartas, además de diversas competencias.

Después de mi éxodo del colegio católico, ya habiendo perdido la oportunidad de llegar a ser santo, decidí ser endemoniado, así que todo lo que hacía era tratar de resolver los tabúes que la sociedad tenía impuestos... me revele contra toda autoridad, no quería ser el buenito sino el más jodido del grupo; así que agarre agallas y para la calle me fui. Todos los días me trompeaba con alguien, hacia vandalismo a los carros, a las casas y poco a poco me fui haciendo famoso, me empezó a sumbar las hormonas y paraba persiguiendo a todas las muchachas, si tenía oportunidad, las palpaba... eso era muy agradable, pero de cuando en vez tenía que enfrentarme con algún hermano o amigo que quería vengarse, yo era muy fuerte y me gustaban las artes marciales, muy pocas veces perdía una pelea; con esos actos mataba dos pájaros de un tiro; manoseaba a las muchachas y me trompeaba con los muchachos... que tal "rush" de adrenalina.

Deje de estudiar y tomarme en serio lo de la educación escolar, total, la mayoría de lo que me enseñaban, no me iba a servir para ningún carajo. Todo eso de los colegios era para tranquilizar a los hogares del aburrimiento y molestia de tener a los niños en las casas; los padres pagaban caro para que sus hijos estuviesen en un local seguro, dándoles un respiro a los padres. Claro está que me había tomado en serio los concejos del abuelo y a fin de año me metía una machacada de cerebro, tratando de memorizar todos los cursos en un periodo de un mes.

Recibíamos el balotario con todas las preguntas de cada curso y teníamos que prepararnos para los exámenes, por supuesto, solo te daban las preguntas y uno tenía que buscar las respuestas en los libros. Yo practique dese el primer año de primaria, el escribir a máquina los balotarios y al cabo de unos días tenia los exámenes ya escritos; no tenía necesidad de estudiarlos ya que, escribiendo a máquina con un dedo, se me iban grabando todas las respuestas. Como resultado tenía una calificación que me ayudaba a pasar los cursos, era algo estratégico de lo que yo me alardeaba.

Llegado el fin de año, con los exámenes ya aprobados, me preparaba para las navidades y el inicio de las vacaciones veraniegas, a comprar ropa de baño y al mar a gozar de la vida; ¡muchachas, muchachas, …y más muchachas! Eso era lujuria pura, combinado con cervezas y ceviche lo hacían formidable, mi vida no podía ser más feliz.

Nunca pensé que los momentos más oscuros de mi juventud vendrían en tal apogeo; me entrampé en el amor; todo ilusionado pensando que la muchacha más linda de la playa me iba a dar entrada; pero por más que trataba, y ella estando muy sonriente con mi jocosidad, terminaba por remplazarme por un muchacho flaquito con voz dulcecita y de ojitos claros… ¡Que tenía ese que yo no tuviera!… lleno de ira y lloriqueando, me regresaba a casa, en una caminata de más de 10 kilómetros, sufriendo y maldiciendo al bacán ese. Nunca pensé que esa sería la primera y no la última de mis desdichas, y así en mi camino, pasaron y pasaron amoríos cortos, sin poder tener en realidad un amor verdadero; esto se repetía cada año; mi padre viéndome abatido me decía: "lo que pasa contigo es que tu apuntas muy alto y para alcanzar a las estrellas tienes que aprender a volar."

¡VOLAR!… Esa palabra se me pego en mi mente… quien iba a pensar que en corto tiempo empezaría a volar psicodélicamente, tratando de llegar a un mundo de fantasías, donde tal vez ahí encontraría mi verdadero amor.

En mis escapadas al parque Kennedy, empecé a juntarme con un grupo siniestro de pandilleros vestidos muy peculiarmente;… eran los años 60s… y el hipismo había invadió Lima,… todos se vestían diferente, lleno de colores y pantalones floreados y graciosos; lo mejor de eso eran las muchachas que empezaron a usar las minifaldas;… todo había cambiado, era como si me hubiera trasportado a San Francisco a convivir con Timothy Larry; un científico vuelto psicópata; -los muchachos se pasaban el LSD-, una droga que este científico había inventado y en realidad eso sí que era un ¡VUELO! Cada día una nueva experiencia, cada día una nueva muchacha, una nueva aventura, un deseo carnal que me dejaba en un embelesamiento que me forzaba a descubrir nuevas ideas y dimensiones, pero que continuamente me iban transformando.

El popular "Let it be" pacificaba hasta al más troglodita y en ese cambio me forzaba a complacer a mi grupo de compinches, eso al parecer era muy lindo y colorido; sin pensar en las consecuencias me iba convirtiendo en un vulgar idiota que lo único que hacía era seguir burlándome de las generaciones anterior.

Poco a poco comenzaron a crecer mis necesidades, así que viendo la popularidad que me había forjado, decidí conseguir lo que todos estábamos buscando…"la mariguana" … ahí empezó el otro nivel, junto con el tercer ojo y todas las estupideces que nos vendían los Beatles; un mundo irreal lleno de contradicciones, y si Uds., piensan que eso era una revolución para mejorar los estatutos que nuestros padres nos habían inculcado, pues les digo que no, esa no fue una buena forma de cambiar. Con el sistema europeo/americano… muy innovador, muy bonito, lleno de música que solo entendíamos la tonada, sin saber qué es lo que decían sus letras, simplemente nos dejábamos llevar por las fabulas de los ídolos.

¡No quiero ser muy fuerte con Uds.!... simplemente que, con el tiempo, vendría a reflexionar del fracaso total de todos aquellos Ídolos que nos iban desilusionando con sus suicidios, sus divorcios, enseñándonos la falta de compromiso a las responsabilidades sociales y especialmente familiares, de lo cual muchos de mis amigos se abandonaron repitiéndose al modelo establecido. Muchos se quedaron contemplando las musarañas sin poder tener una función representativa en nuestro mundo actual.

No crean que por la más mínima reflexión que me hacía, yo iba a cambiar,… pues no hombre,… que solo te lo puedo contar ahora que soy un viejo y he vivido con carne y sangre todos los fracasos que algún humano puede experimentar; y si Dios me ha permitido pasar por todas esas fechorías, por esos hechizos, por todos esos confrontamientos criminales, por toda esa investigación paranormal, fue para que aun con lo poco de lucidez que me queda y con el coraje que me sobra hasta dos vidas más, pueda empezar ahora una revolución, pero esta vez pensando claramente, sin estupefacientes ni cosa por el estilo, sino "razonando" con astucia, y perspicacia,… el último tango a bailar. ¡No!... no estoy pensando ya salirme a la estratosfera, por el contrario, seguiré reflexionando y quizás en unos años más me quede algo de cordura para continuar comunicando las nuevas visiones que me traerán devuelta al papel y lápiz.

Si hay algo que los años y el tiempo me han enseñado, es que la vida tiene la mayor parte de las veces, una extraña forma de transcurrir; una vida que es casi siempre impredecible, inmóvil y con pocas ganas de hacernos facilitar las cosas; pero pasa que en un buen día, la vida nos sorprende, y se presenta una buena mañana cualquiera, cargada de segundas oportunidades…segundas oportunidades para poder enamorarse, para luchar, segundas oportunidades para redimirse, para equivocarse y para empezar de nuevo.

Llego un nuevo abril, una nueva clase, libros nuevos, uniformes nuevos y por supuesto una nueva amiga que me llevaría al mundo romántico de incansables caminatas, agarrados de la mano y besuqueándonos en cada esquina. Lo único que importaba en esos momentos eran sentir su cuerpo, mirar sus ojos e ilusionarme, transportándome a un nuevo mundo, ¿esta vez, quizás sería ella la que me dure?, me preguntaba, pero, pasando el tiempo llegaría otra que me ayudaría a quitarme la ilusión de aquella para cambiarme de ruta. Uds. pensaran: de donde salen tantas muchachas, pero gracias a Dios en Lima existían siete mujeres para cada hombre; este era un país lleno de mujeres, los hombres flotaban en un mundo femenil, y de eso no me puedo quejar, simplemente me dejaba llevar por la corriente.

Durante ese año escolar, tome unas clases de inglés; el profesor era muy buena persona; él había vivido muchos años en Norte América, siempre nos contaba de sus vivencias y nos incitaba a aprender la mecánica automotriz; él había trabajado de mecánico y le había ido muy bien. Manejaba un carrazo un poco desgastado con el cual viajo desde Los Ángeles California, cruzando por Méjico, centro América, para luego en un barco trasladarse a Colombia en camino a nuestra ciudad.

Los sábados por la mañana llegábamos temprano a aprender cómo hacerles los afinamientos y mantención a los carros. Un día me presto unas revistas -Mecánica Popular-, me fascinaba todo lo que fuese armar y desarmar y me gustaba mucho leer, era como entrar a mundos desconocidos descubriendo secretos sabios que se acumulaban en mi archivo mental.

Hojeando las páginas me encontré con un aviso que anunciaba una Logia de nombre Rosecrans con sede en San Francisco, California… me entro curiosidad por su invitación y accedí pidiendo ser miembro de la tal. Les di mi nombre y dirección y rápidamente me mandaron mi membresía juntamente con una serie de revistas llenas de artículos esotéricos. Yo me sentía muy orgulloso, ¡tenía correspondencia con los gringos!

Religiosamente los leía y se hicieron parte de mi rutina; quería saber más y más, a toda hora practicaba algunos ejercicios paranormales; conforme iba pasando el tiempo mi forma de pensar cambiaba; me sentía presionado internamente, como una fuerza interior me comandaba a buscar más profundos resultados. Me abandoné sumisamente a ese poder como cuando recién nacido en ese oscuro cuarto que por primera vez sentí el mundo eterio tratando de aplacarme.

Empecé a actuar rebeldemente sobrepasando las buenas normas de conducta… ya todo habían cambiado y solo quería estar con mi nuevo ¡YO! … Atraje muchos nuevos amigos y mi nombre lo cambié por el de Kayser.

Kayser fue un personaje muy jocoso, tenía mucha habilidad mental y siempre llegaba a convencer a sus seguidores; luego de muchas charlas esotéricas los entusiasmaba a hacer bribonadas.

En el último año de secundaria, conocí una chica que desde el primer cruce de ojos vi que ella era escogida para darme una lección. Con ella pasaba la mayor parte de mi tiempo, ella parecía dulce, y se entregaba a mis encantos; pasamos todo ese año en un amor platónico que continuo hasta el siguiente año. Nunca la bese, nunca la abrace, simplemente caminábamos agarrados de la mano;

todos creían que era mi chica, pero en realidad ella me intrigaba e iba pasando el tiempo y yo sentía que pronto algo fuerte ocurriría.

Entre por la puerta falsa a estudiar en la universidad de ingeniería, ya que no tuve que dar exámenes de ingreso… no me pregunten como, simplemente ahí me encontraba estudiando. Al llegar el verano, las clases de la universidad habían sido clausuradas ya que hubo un paro revolucionario. Los militares habían tomado el poder y las clases se clausuraron.

Con las continuas revueltas estudiantiles las cosas se ponían cada vez más feas, los rochabuses estaban por toda la ciudad tratando de romper la acumulación de los protestantes. En un par de veces fui víctima de ese chorro fuerte de agua que me saco el aire y casi me desmayo.

Ya asustado por los policías y militares decidí ir a la frontera con Ecuador a comprar mariguana y revenderla para poder conseguir dinero y salirme de ese manicomio. Regresando a casa para despedirme de mi mama, ella me dijo que no valla que presentía que algo malo me sucedería; ella me estaba tratando de desilusionar con mis amistades y me dijo "ellos no son de buena reputación social" … yo me enfurecí por lo que estaba escuchando y fuertemente le reproche su actitud prejuiciosa; mi mama insistía hasta que por ultimo ella sospechando de que mi viaje era para algo siniestro y me grito… "¡te van a chapar y meterte preso! "… y yo le contesté: que me importa; que me chapen pues" … y salí rumbo a tomar el ómnibus con ruta al Ecuador.

¡Lo predicho paso! y, ultimadamente caí preso y me condenaron a seis meses de prisión. Mientras estaba detenido iba pensando donde seria mi nuevo salto. Sali en libertad luego de seis meses, ya siendo popular fui adquiriendo amistades siniestras que me ayudaban con mis fechorías -esto era de nunca acabar-. Caí preso devuelta, esta vez solo por un mes. Durante ese arresto conocí un brujo chaman con quien pasábamos incansables horas haciendo brujería. Eso era algo real, donde veíamos una dimensión que nos atraía a la obtención de extraños poder.

Saliendo de ese cautiverio decidí mudarme a los E.E.U.U. quería un cambio radical ya que estaba haciendo sufrir mucho a mi familia. Viaje hacia California y apenas llegando pude sentir que ahí también me estaba esperando el diablo que me dirigió a la mata, esta vez me incorporé al mundo hippy de las drogas el sexo, rock 'n roll y el satanismo. Fueron años de mucha locura; estudié hinduismo, budismo, la "new age", ultimadamente entre al satanismo con mucha fuerza…hacia ceremonias satánicas vestido todo de negro, utilizando artefactos de bronce y velas negras… me sentía poderoso, invencible ya que en el transcurso atraje muchas mujeres laicas y brujas que sentían una irresistible y vanidosa persuasión. (mi primer matrimonio ni lo cuento ya que no le dimos mucha importancia)

Mi segundo matrimonio fue caótico; perdimos a nuestro bebe recién nacida y nuestra relación fracaso, ultimadamente terminamos separándonos. Caí una vez más preso por recibir drogas de procedencia internacional; entre a juicio y tuve la "suerte" de que durante ese juicio me mantuviese libre. Fui a mi casa donde encontré toda mi ropa desparramada enfrente de la casa. Toque la puerta al mismo momento que llegaba la policía. El policía me dijo que era mejor que me vaya y que no valía la pena armar ningún escándalo, yo angustiado agarre unas cuantas mudas y me fui a buscar refugio. Ninguno de esos que se decían ser mis amigos me dio hospedaje; así que, ha ambular por las calles; ese ambulatorio duro tres meses; sufriendo hambre y muchas veces sed, felizmente el invierno había acabado y no me acuerdo de las lluvias, pero eso sí, del frio nocturno.

Yo me acostaba durante las noches debajo de una casa donde los dueños ni siquiera se percataban de mi presencia. Ahí continué haciendo "misas negras". Un día Sali de madrugada esperanzado de conseguir un cambio a esa condición deprimente; me dirigí a las puertas de un super mercado; finalmente abrieron y entre como un rayo, iba a robar un poco de comida. Agarré lo que necesitaba y me lo embutí a la boca y salí corriendo estrepitosamente, atorándome con el gran pedazo de mortadela.

Llegué a la esquina de la calle todo avergonzado, sentía una pena interior, un dolor intenso; muy angustiado, sin donde ir, levanté mi vista al cielo y vi a mis padres, personajes que durante esos meses ni siquiera me acordaba de ellos. Me acorde de lo que me había dicho mi madre antes de mi partida "Es mejor ser cabeza de ratón que cola de león". ¡Mi rostro se llenó de lágrimas y clame por ayuda al Dios de los cielos … ¡yo quería cambiar; ¡yo quería encontrarme con ese niño que quería ser santo!...

Desde lo lejos venia una música moderna, era rock 'n roll lo que se estaban tocando y procedía del parque, a unas cuantas cuadras desde donde me hallaba, cruce la pista y me encamine rápidamente; algo me atraía, conforme iba llegando más me entusiasmaba; era algo insólito pero su fuerza era poderosa. En el camino salió a mi encuentro una amiga que practicaba la brujería; ella tratando de persuadirme que me vaya con ella; pero yo desistí, ella insistía mencionándome sus apetitos; pero por más que era una fuerte tentación, salí corriendo y continúe mi camino.

Llegué al parque; estaba repleto de jóvenes que entusiasmados cantaban juntamente con la banda; yo no les entendía mucho de lo que decían, pero algunas palabras pude captar, de cuando en cuando todos gritaban ¡¡¡Aleluya!!! ¡¡¡Aleluya!!!

Me añado al coro y cantando empiezo a sentirme aliviado, relajado, todas mis preocupaciones se habían apaciguado. Todos estábamos sentados en la grama y en un altillo estaba la banda tocando y cantando; la última canción la entendí claramente; su letra era un mensaje de paz, amor y salvación; suspirando me sentía afligido, con una penuria, angustiado porque eso de paz no lo conocía desde hacía muchos años.

El que dirigía la banda se posiciona frente a la congregación y empieza a dar un testimonio bíblico, algo de eso me recordaba de cuando estuve estudiando en la primaria, las palabras eran muy parecidas, pero tenían un tono diferente como que más contundente, ultimadamente acepté lo propuesto, luego él nos pregunta: "A quien Dios había tocado su corazón? Que se pare y se acerque y todos oraremos por su salvación… ¿¿¿Qué??? No ni de a juego, yo no me levanto me dije así mismo esto solo lo sabremos Dios y yo afirmé categóricamente.

Sentado, enrollado en posición fetal me mantenía callado, el muchacho anuncia que sabía que había alguien que Dios había tocado y que esa persona tenía que pararse y confesarlo delante de los hombres para que Cristo lo confiese delante de su Padre. Shhhhhi... mi corazón palpitaba a mil por hora más yo ¡calladito!; me decía, todo está bajo control.

De pronto sentí un calor inmenso, un calor familiar, como cuando estaba en el vientre de mi madre en serenidad absoluta. Me puse a lagrimear y me decía oh... eras Tu; y seguía lloriqueando, pero de pararme ni de a juego; yo le replicaba esto es entre Tú y yo y se lo repetía muchas veces lo repetía mientras que ese calor se intensificaba hasta que el calor empezó a disiparse reduciéndose asia la parte trasera de mi cuerpo hasta que se aposento en mis asentaderas y se intensificó de una manera que salte pensando que alguien me había tirado un cigarrillo.

¡Salté! listo para confrontar a quien había sido y me encuentro que no había ningún cigarrillo, los que estaban detrás mío eran unas niñas que me miraban sonrientemente; -voltee a mirar el frente donde el mensajero se situaba, mientras que todos en el parque dirigían su mirada así mí. Eran cientos de personas que sonreían como animándome a que me aproxime al altillo. Fuertemente me resisto, pero un viento vino a ayudarme a tomar la "decisión", sentí un magnetismo y decidí avanzar, mientras lo hacia todos en el parque gritaba ¡¡¡Aleluya!!!, ¡¡¡Aleluya!!!

Yo un poco confundido llego a donde estaba el muchacho y el me pide que le de la mano... estirándosela me agarra y empieza a orar... que vergüenza sentía ya que la atención de todos estaba enfocada en mi... agache mi rostro y empecé a sentir ese calor que anteriormente había experimentado, este calor provenía de la mano del pastor, empecé a sentir que corría hacia mi pecho, llegando a mi corazón se intensifica y siento como cuando se destapa la chapa de una soda que salta con la fuerza que embazaba. ¡Pufff! siento a un espíritu salir, lo vi algo oscuro y empecé a saltar y gritar... ¡Estoy salvo! Gritaba y saltaba, nunca había experimentado tanto gozo, mientras que la concurrencia estaba asombrada y algunos se preguntaban si estaba fingiendo o en realidad había aceptado a Cristo; para mí era ciertamente un regalo venido de Dios. ¡Un nuevo salto!

CAPITULO TRES

REDENCION

Fue el principio de una larga caminata y ahora sí, agarrado de la mano de Cristo, y esta vez no lo soltaría nunca más. Ya no tendría que mirar hacia arriba para sentir su presencia; él había bajado para mí; lo sentía, escuchaba su voz, sentía su amor y dentro de mis entrañas existía un gozo indescriptible.

Esa tarde en el parque, donde encontré por primera vez un amor verdadero, un amor de verdad que me decía... "acá estoy y nunca te dejare, nunca quitare mi nombre de ti, tú serás mi pareja para siempre"; que alegría sentía, y hablando con él le decía estoy tan feliz que si hoy me muero se dónde estaré, ¡junto a ti!

Al atardecer de ese cálido día de verano, donde me faltaba poco para salir corriendo por las calles a gritarle ...te amo...te amo, a lo lejos pude percibir hacia el horizonte un grupo de muchachas que me llamaban; ellas eran muy jóvenes, yo diría que de catorce o quince y no más, yo me quede observándolas, pero ellas insistían de que fuese donde ellas estaban; pausadamente avance de una manera cautelosa, con un poco de desconfianza ya que aquí en esta sociedad ven mal a un pelucón de aspecto hippesco, conversando con niñas menores de edad.

Llegando donde ellas estaban, me preguntaron mi nombre y donde vivía, pues yo les di mi nombre, pero les dije que hacía tres meses dormía en la calle porque no tenía dinero para rentarme un cuarto; ... ellas suspirando profundamente y con ojitos de compasión, me dijeron que conocían una casa donde me podrían alojar;... quizás esto era una trampa, yo vacilando con tristeza les conteste que todo estaba bien y que ahora sé que todo me ira mejor y podre trabajar y conseguirme un cuarto donde rentar, mi vida ya cambio de curso.

Pero ellas insistían como que estaban en una misión de reclutamiento, me empujaban hacia las montañas llenas de risas infantiles, yo pensaba que esa era una broma de mal gusto; ellas continuaban con sus risas y me prometían de que no me arrepentiría. Por fin acepte a sus caprichosas promesas y me llevaron de la mano a jalones y empujones hacia la loma de una quebrada, yo había vivido en ese lugar, pero nunca me entere de aquella casa que ultimadamente llegue.

La puerta estaba abierta, desde el fondo de la casa pude divisar a un hombre de raza negra de contextura gruesa que me observaba con desdén, se acercó y me pregunto qué es lo que quería; las niñas le dijeron "oye Nick, -ese era su nombre-… él es el que hoy recibió a Cristo en el parque y no tiene donde vivir y lo trajimos aquí para que le des ayuda" … Si, lo conozco, anuncio con voz como de desprecio…él es el desacreditado Caesar, el que vende drogas y acostumbra a acosar a las muchachas y quien sabe que más…quiso continuar, pero pauso al ver mi sonrisa, devuelta me miro profundamente y antes de que el continuase, me le adelante y le dije… "¡no, estas equivocado, …ese hombre a quien tú te refieres ya murió, yo soy un hombre nuevo!

Por favor, …Nick el ya cambio, de verdad de verdad gritaban las niñas y le suplicaban, yo estaba avergonzado, pero no le iba a suplicar; … como que ya me había acostumbrado a dormir bajo una casa; sonrientemente me di media vuelta y asumí mi retirada. camine unos cuantos pasa y escuche… "oye ven que te vamos a probar; pasa, hay un cuarto que está casi vacante, la persona que vive ahí se mudara a una casa más arriba de la loma, que el acaba de comprar, … así que mientras tanto tu prueba será que te quedaras a dormir en el sofá de la sala y disfrutarás leyendo la Biblia desde el principio al fin, y si lo haces; pauso como retándome… y luego continuo… entonces podrás tomar ese cuarto".

Calladamente, …lleno de emociones indescriptibles se llenaron mis ojos de lágrimas y le dije… ¡lo hare, lo hare!... ¡Pasa! …me dijo y me apunto con el dedo dirigido a un viejo sofá, llenos de mantas viejas y olorosas, como que allí habían dormido otros vagabundos de poca higiene; … me acerque, me incline, lo olfateé, voltee a mirarlo y le dije … "donde queda la lavadora y… puedo usar tu jabón?" … el cuarto se llenó de un silencio interrogante, las paredes se me cerraban, las niñas estaban sorprendidas y yo con ganas de soltar la risa, ultimadamente él fue el que empezó a reírse continuando por las niñas, y yo sin saber si había metido la pata o era en realidad gracioso lo que había dicho.

¡Era gracioso lo que había dicho!, y a todos les cause cariño, Nick me llevo hacia un rincón de la casa de la parte trasera y apuntando al jabón me dijo "úsalo, … pero vas a tener que reponerlo ya que ese jabón es de otro hermano que vive aquí con nosotros". ¡Bien! …le conteste-, estoy bien agradecido, y vas a ver que no te arrepentirás conmigo".

Mientras hacia el aseo de esas garras sucias; Nick me trajo una Biblia; esta parecía que había sido ojeada por mucho tiempo, … "anda leyéndola y luego te consigo otra", me dijo sonrientemente y me dejo a que continuase mi tarea. Durante ese lapso empecé a ojearla; por primera vez tenía la Palabra de Dios en mis manos. Me remonté a aquellos primeros días cuando encontré la Biblia de tapa roja de mi tía, que al preguntarle a mi abuela si podía leerla, me contesto que solo algunas personas escogidas podían leerla, así que apresurado busque a Nick para decirle lo que mi abuela me había dicho, … el cordialmente me aseguro de que la Palabra de Dios era dirigida para toda su creación, incluyendo la naturaleza, y por supuesto que ¡sí! … yo podía también leerla y no solo leerla sino estudiarla; luego me comento que en esa casa se estudiaba la Biblia diariamente.

Llegando a mi sofá/cama me recosté y empecé su lectura, …" veamos pues", me dije así mismo; …

Genesis, capitulo uno, y vi una serie de relatos precedidos por unos números y pensé que eso sería para tener recuerdos de donde estaban esas referencias, así que continúe... y continúe, ... y continúe; me acuerdo de que solo me levantaba para usar el baño y regresar apresuradamente a continuar mi lectura, que solo se interrumpió con el contacto cordial de aquellos que también vivían allí.

Pasada una semana, si mas no recuerdo, cuando los muchachos de la casa, —éramos en total ocho compañeros—... murmuraban acerca de mi dedicación; algunos decían que yo desistiría ya que no confiaban en mí, pero otros decían que si lo lograría; por supuesto siendo estos últimos la minoría. Yo me sonreía y continuaba mi lectura, esta manía de leer, la había adquirido desde niño así que de lector no me faltaban agallas y mucho menos con ese tipo de lectura.

Ultimamente, el hermano que tenía que mudarse, se fue y dejo el cuarto limpio, listo para mi inversión. Yo ya casi acababa mi lectura, solo me faltaban unas cien páginas y habría logrado el reto. Nick se me acerco y me pregunto si había acabado, yo le conteste... "unas páginas más y esta noche la acabo". Mira... anda y termina en tu cuarto que estas dejando el sofá de mal olor" hahaha, él se rio. Me apresure y poniendo las garras en la lavadora regrese a mi lectura, pero esta vez en mi propia cama... lo había logrado y al final del día ya llegada la noche me paseaba por toda la casa sonriéndoles a aquellos incrédulos que retaban mis testosteronas y dándonos manos altas con los que me aliaron.

Como en todo principio, todos caminamos con mucha cautela, tratando de no desbordar el vaso; escogiendo las mejores palabras de nuestro léxico; y así, conforme van pasando los días, nos vamos descuidando y finalmente terminamos enseñando nuestro verdadero yo. Muchas veces nuestro lado obscuro quiere saltar y hacer alguna trastada, pero por causas del temor al "qué dirán" nos evitamos esa injuria y terminamos conteniendo nuestra versión negra. Esta en mí; y me refiero a mi lado negro, todavía no había acabado; no había pasado siquiera dos semanas de haber estado haciendo misas negras y robando para poder comer y fumar mariguana. Mas ahora estaba en otro mundo, otra esfera de amistades que por lo menos eran muy refinados, y eso, contagiaba, y me hacía reflexionar y recordar los felices momentos de mi infancia, el trato de mis parientes para con nosotros, la finesa de su vocabulario, la sumisión a las normas de cortesía que me habían inculcado, a su bondad, pero que estas, poco a poco fueron reemplazadas por motivos de mi rebelión.

Conforme iba pasando el tiempo, íbamos estudiando más y más las Escrituras, iba descubriendo una realidad contraria a todo lo que me habían inculcado, siempre pensando en la salud espiritual de mi familia. Mis abuelos acababan de fallecer; yo estaba muy afligido por su destierro al mundo de los espíritus; les llamaba a menudo como en trance para darles gracias por sus cariños y dedicación a mi crecimiento que, aunque difería de lo que ahora estaba leyendo; ellos con mucho sentimiento y amor me manifestaron en su amor; pero también les doy gracias por no haberme forzado a creer como ellos. Nunca tuve obligadamente que ir a la iglesia, ni mucho menos confesarme delante de un cura, ya que ellos sabían que me daban estorbo. Todo lo de mis familiares, ... "yo creo", era más que todo, el tradicionalismo y las cadenas que iban arrastrando de generación en generación, como fortaleciendo sus vínculos de identidades que desesperadamente se aferraban a creer.

Ahora yo había descubierto un evangelio de acuerdo con lo que estaba escrito, y me aterraba el saber que mi generación, por falta de información, o más bien por continuar con el tradicionalismo; y en mucha culpa la desidia personal por optar al mandato ancestral que nuestros antepasados continuaban viviendo en ellos; cerraban sus oídos e ignoraban lo que las Escrituras nos enseñan.

Mientras tanto en mi casa, mis debates con mis compañeros empezaron a agarrar polémica, conforme pasaba el tiempo tuve que obtener una membrecía en una iglesia de esa ciudad. Pues tan bien me fue en ella, que mi popularidad agarro vuelo y me ofrecieron una beca a una de las más prestigiadas instituciones de la nación. Esta es muy famosa mundialmente en el ámbito cristiano ya que ha contenido en sus promociones, grandes teólogos modernos.

Yo por supuestamente me sentía orgulloso y quizás un poco vanidoso, pero a pesar de todo pude instruirme por un periodo de tres años en su plantel. Luego continúe mis estudios en un centro hispano de estudios teológicos; terminando polémicamente mis cursos… ¡Yo siempre he sido un rebelde! Y como todo revolucionario que cree en su causa, era un poco pedestre en mi presentación tratando de aplacar a la falsa doctrina, que se esparce como fuego candente por todas las iglesias.

Mi preocupación se manifiesta contraria al mundo "religioso", ya que, si vamos a tomar como el centro de la verdad, la Palabra escrita; y, no me estoy metiendo en polémicas de que, si en realidad fue escrita expirada por Dios, o, no fue más que una farsa judía, ya que entonces no podremos llegar a tener una buena exposición de los hechos; … tenemos que empezar de cero, y a eso le tengo la absoluta confianza que mucha creencia falsa saldrá a la luz sin yo tener que influenciar mis criterios.

La Biblia no necesita defensores, sino más bien, expositores de la palabra fiel, y oidores que asimilen la Gracia divina. Ruego al Espíritu Santo que, abra los ojos de sus corazones, para que puedan tener una preferencia al escoger con certeza a la verdad, … ¡si vas a aceptarla tal como está escrita, o, negarte y continuar arrastrando tus cadenas religiosas!, … pero esta exposición la prefiero dejar para más adelante, ya que tengo la necesidad de concluir, primeramente, con mi evolutiva transformación, la cual me influencio al entendimiento y revelación de la Biblia.

Durante mi primer año en el seminario, mi esposa; la que me desalojo de la casa, regreso tratando de influenciarme a desistir por mi vocación, después de muchos atentados, tuve que renunciar a tener ningún contacto con ella; yo necesitaba aprender a priori la Biblia. Estuve separado de ella hasta que ultimadamente, me divorcié.

Continúe mis estudios con muchas oposiciones financieras, escolásticas, de lenguaje, el inglés es mi segundo idioma y mis estudios me eran más difíciles ya que inclusive la gramática es diferente; pero yo me las arregle a obtener un promedio de "B+" que me otorgaba una nueva beca para los siguientes semestres. Estudiaba día y noche, así me pase por seis semestres. Adicionalmente tomaba clases de cursos generales en otro colegio para poder graduarme rápidamente. Estaba joven y fuerte, lo que más deseaba era poder regresar a mi país a proclamar las buenas nuevas.

Pero llego lo imprevisto, ... una linda muchacha de ojos hermosos que me puso de cabeza. Ya podrán figurarse toda la revolución que experimenté; me esforzaba por no caer en sus encantos y así nos pasamos dos años hasta que finalmente, al salir del cine de ver la primera de Rocky, me di el valor para declararle mi amor. Y así empieza un nuevo matrimonio que me dio dos princesitas que cada día me hacen aumentar en el sentido valorado del amor. La vida es dura, pero tiene sus lados dulces y por eso estoy agradecido a Dios por todo este resultado.

Quien iba a imaginarse que este largo camino lleno de oposiciones, que conjunta y prolongadamente, me van transformado al buen vivir, al sano juicio mentalmente, con el conocimiento de la multifacética revelación de un libro que ineludiblemente era prohibido leerlo, el cual probablemente anda arrumado, así como en muchas casas, acumulando polvo, sin que nadie le dé el valor merecido, sino más bien por falta de iniciativa, es abandonado indiferentemente... ¡Por el amor de Dios! Es su mensaje y en él nos trae su salvación; vivir ignorándolo es acarrar una vida mediocre, sin sentido, pensando en payasitos que entontecen a las masas, retándolo, burlándose de aquellos que tratan de revelarlo.

Regresando a mi relato, mi nuevo matrimonio; todo se complicó de una manera exponencial; pagos de casa, comida para una familia, colegios para las niñas, ropa, juguetes, fiestecitas, carro para la señora, seguros, arreglos de la casa, decoraciones. Tuve que comprarme una camioneta para ir a trabajar, dedicándome exclusivamente a la construcción, días largos de labor duro, accidentes de trabajo, caídas, cortes, tropezones, en fin, todo lo que se puede uno imaginar más un poco más.

De regreso a casa teníamos que educar a las hijas en las doctrinas, algo que era repelado y duro de avanzar, pero me esforcé y poco a poco se hizo más entretenido. Fui a varias iglesias evangelistas y en varias de ellas enseñe estudios bíblicos los miércoles y domingo, era algo que me agradaba ya que había empeño en aprender y yo progresaba en mi entendimiento.

Mientras tanto, mi padre en Lima estaba delicado de salud, él había venido a visitarme aquí en California y en su regreso, empezó a sentirse mal. Anhele tomar el primer avión e ir a visitarlo, yo sospechaba que quizás sería la última vez que lo vería, teníamos que hacer las paces ya que desde mi infancia acarree resentimientos por el trato que él me daba, él nunca estuvo emocionalmente para mí, era una persona dedicada a sus amistades y nos tenía abandonados aun cuando vivía en casa. Yo sé que él nos quería, pero yo necesitaba su amistad, mas no de la forma que él lo hacía; todo era poco para él, todo lo que yo hacia el me lo aplacaba, como que estuviésemos compitiendo. Me imagino que él estaba actuando lo que su padre le modelo, y quizás su abuelo también y así sucesivamente acarreando comportamientos egoístas. Él era muy querido por toda la familia y tenía una gran muchachada de amigos.

Arribando al aeropuerto de Lima, muy apresurado, con muchas ansias de encontrar a mi mundo que yo había abandonado; mi tierra, mi familia, mis amistades, mi cultura en fin todo lo que extrañaba diariamente en mis momentos de nostalgia, los que con muchas lágrimas derrame... Había pasado veinte años sin verlos y al encontrarlos, pude ver el sufrimiento que mi ciudad había sufrido en manos del terrorismo y ahora se veía resguardada por un ejército con metralletas que imperaban por todas las calles, por toda la ciudad; una ciudad sucia, llena de despojos; la cantidad de carros era desesperante; no solo había carros sino también muchos camiones y minibuses viejos que botaban humo cubriendo las alamedas con una capa de color negra que invadían todos sus jardines.

Pese a eso mi alegría era inmensurablemente contagiosa. Por donde llegaba, me encontraba con algún familiar o viejos amigos de antaño; abrazos, besos y esto era todos los días; mi regocijo no paraba. En mi casa, aunque veía el paso de los años reflejados en sus muebles, sus paredes despintadas, aún mantenía su hermosura, pero tristemente vi a mi padre muy flaco y ya perdiendo la memoria, lo veía derrotado y cansado de la vida.

Me acerque esta vez como para cuidarlo, para que empecemos una amistad incondicional; sentía pena por todos esos años que pasaron sin poder sentir su presencia, su perfume, sus relatos graciosos que llenaban la casa de risas, y aunque yo sentía resentimiento, quizás, injustificadamente me sentía culpable. Roge por su salud y en especial por su alma que estaba dañada. No ore por su espíritu ya que, durante su visita a mi casa en California, pude compartirle las buenas nuevas, y él en su asombro me respondió: ... "nunca me habían explicado el mensaje de Dios tan bien como lo has hecho, eso está más claro que el agua" en ese momento supe que Dios había abierto su corazón y resulto en su conversión, había tenido un nacimiento espiritual.

Mi padre yacía en su cama la mayor parte del día y yo lo visitaba constantemente, como tratando de aportar a su mejora; durante los ratos libres, visitaba cada cuarto de esa casa, meditando y regresando a mi niñez. La casa estaba igual que cuando mis abuelos vivían en ella, los muebles Luis XV estaban viejos y picados, pero a pesar de todo mantenían su prestigio; todavía estaban las reliquias familiares, las mamparas y candelabros, todo habían pasado la prueba del tiempo, los escritorios con finos adornos y relojes dorados adornando el marfil de sus bases, todo me traía a esos lindos recuerdos de mi juventud.

Justo cuando todo parecía acogedor... ¡Lo inevitable tenía que suceder!... ya establecido en el cuarto que había sido ocupado por mis abuelos, me recosté, cansado del viaje, y tan pronto como me reposé vi una luz como rayo que salto de un cuadro, atravesando la habitación tocaba el cuadro opuesto, para que luego, una vez más se lanzase hacia mi persona... Salte del susto y fui a avisarles a todos que en ese cuarto no dormiría ni de a juego. Se rieron de mi e insinuaron: "ya te fueron a visitar", mi mama estaba en el foro familiar riéndose y asegurándome que esa era la bienvenida que me estaban dando.

Movimos una cama que había en el desván hacia el cuarto del escritorio/oficina de mi hermano y ahí en un rincón, continuo mi visita; una gran batalla. A diario se veían sombras, ruidos y humos obscuros que desaparecían en el aire, y esto lo tuve que soportar por nueve meses que me mantuve en esa casa. Durante las noches tenía que dormir con un ojo abierto, ya que esos demonios se sentaban encima de mí y si estaba durmiendo me hablaban al oído y me gritaban "hades" que significa: lugar donde están los muertos. Eso era un confrontamiento de extremas medidas; no voy a decir que no estaba asustado, pero ahora estaba más preparado y no sucumbiría a sus amenazas, como cuando lo hice recién nacido.

Como de costumbre, continué leyendo mi Biblia. Asistí a una reunión de mis amigos que la "estudiaban" y pude comprobar que la cadena seguía arrastrando a sus más fieles seguidores. Me mantuve callado y aunque tenía ganas de saltar y gritarles que lo que hacían era inaudito, que no tenía relevancia con lo que se refería a las enseñanzas bíblicas; … me mantuve callado y cuando empezaron a rezar el rosario, me levanté y salí a tomar aire, … no crean que estaba de alguna manera burlándome, ¡no! simplemente sentí molestia al pensar que ellos pensaban en un castigo venial si es que hacían esas prácticas, porque si no, terminarían en el infierno. Afuera en el patio trasero de esa casa se me acerco a un gran amigo al cual después de algún titubeo, le pedí prestada su casa para poderles enseñar lo que en realidad la Biblia nos instruye; … ¡Gracias a Dios este amigo accedió!

En retrospección, esto, me ayudaba a luchar en casa con los demonios y a la misma vez, preparar mis clases, que, con la ayuda del Espíritu, prosperaron; todos los miércoles nos reuníamos de una forma amena; un grupo que fue creciendo. Al final de las clases, algunos que habían traído cervezas, las compartían agradablemente, agradecidos por lo que habían aprendido; eso me pareció muy peculiar, pero ellos estaban en su ámbito, y no les diré que yo lo veía mal, ¡no!, pero si muy diferente. Yo me astenia de tomar ya que se me había hecho ya un hábito el no tomar licor. Al finalizar la tertulia, algunos nos trasladábamos a un restaurante donde hacían un campeón lomo saltado y un ceviche que me hacía recordar los tiempos veraniegos de mi juventud.

Todas esas rutinas, llenaban mi itinerario que cada vez se alargaba; la salud de mi padre iba de subida y de bajada, hasta que ultimadamente; una mañana muy temprano, después de regresar de compra el desayuno para la familia, ya llegando a casa, mire, como el cielo se había abierto de ese nublado distrito y un rayo de luz atravesaba lo gris del ambiente iluminando su umbral. Únicamente mi casa brillaba en la cuadra, haciéndome sentir alegría por su fachada hermosa que desplegaba. Abrí la puerta de la sala, y vi que toda la casa estaba iluminada, sentí asombro, pero continué hacia el comedor, deje el pan y embutidos sobre la meza, y me acerque hacia el cuarto de mi padre.

Casi llegando a su puerta vi que sus ventanas tenían cortinas de croché que me impedían ver hacia adentro; eso me pareció extraño puesto que esas cortinas ya habían desaparecido con el pasar del tiempo; de pronto sentí una mano que fuertemente me impedía ingresar; ¡oh, Dios mío!, me fui a mi dormitorio y me recosté y súbitamente caí en un profundo sueño.

Mi madre abruptamente interrumpe mi sueño gritando: ¡tu padre está muerto!... salte de la cama y me encamine hacia su cuarto, y efectivamente ahí yacía mi padre; se había ido en esa madrugada, aproximadamente durante el momento de mi encuentro bloqueado. Mi hermano, se levantó y quiso despertarlo, pero ya no se movía; todos estábamos afligidos; llamamos a nuestros familiares más cercanos que como un rayo llegaron, nos abrazamos con llanto, pero satisfechos de que había sucedido así; durante su sueño.

Mi hermano Pacso, era el que había compartido todos esos veinte años de mi ausencia con él; … estaba destrozado, no paraba de llorar; lo lleve al pasadizo y ahí abrazados pudimos desahogar nuestro dolor. A esto, de repente, se acerca un fuerte olor a flores, un perfume que no me era conocido, pero era delicioso. Me sonreí y le dije… ¡se nos está despidiendo!... nos sosegamos y sonreímos sabiendo que él estaba en un buen lugar.

Acabado su entierro, luego de unos meses más, tuve que tomar un avión de regreso a California, donde mi esposa e hijas me esperaban ansiosamente; este había sido un viaje muy largo y en mi ausencia, mis niñas habían crecido y se estaban transformando en unas damitas. Ellas fueron muy buenas conmigo y me consolaban recalcándome lo que les había enseñado; ¡papapa Cesar estaba en el cielo!

Como de costumbre, ya me preparé para empezar a trabajar. Aquí en los EE. UU. no hay espacio para los flojos y aunque esa vida sedentaria me había debilitado, tuve que emprenderme a la batalla laboral.

Luego de unos meses, Pacso me llama y me dice que mi mama estaba muy deprimida y que no come nada y para en cama todo el día. Hable con ella y le propuse un viaje de cambio emocional y que se viniera a mi casa. Ella accedió y prontamente fuimos al aeropuerto a recibirla. Nuestra reunión fue muy emotiva; solo de verla más delgada y abrumada, sentí pena y la abracé y le dije al oído: ¡de aquí nadie te saca, te quedaras a vivir conmigo!.

Quien iba a pensar que estaríamos tan familiarizados con ella que todos estábamos felices de tenerla. Mis otros hermanos, también se habían venido a vivir cerca de nosotros; toda la familia se había reunido ultimadamente en Los Ángeles. Aunque era dura la convivencia, siempre teníamos nuestras reuniones con recordatorios de los tiempos felices que vivimos en Perú.

A fines de ese año, preparándonos para las fiestas, ¡yo creo!... prepare una comida con codornices, (primera y última vez que lo hice.) … luego de unos días empecé a sentirme algo desconcertado, no sentía los pies y me dolía la cabeza. En la mañana siguiente al despertar, sentí mi cara adormecida y mi almohada llena de babas. Algo me estaba ocurriendo. Llame a mi esposa asustado y le pedí que me lleve al hospital. Para esa tarde ya no veía bien y se me hacía difícil pasar los líquidos que me daban. Para el día siguiente, mi condición se había agraviado, ya no sentía nada de mi cara y totalmente tenía la garganta cerrada.

Llegaron docenas de doctores de diferentes hospitales, tratando de diagnosticar mi condición. Conforme el tiempo pasaba se agravaba mi condición hasta que completamente me quede paralizado. Un ojo miraba hacia un lado y el otro hacia otro lado, todo era una gran confusión. Un doctor llego y me hizo un análisis del jugo vertebral y concluyo que tenía Guillian Barre Síndrome. Una condición causada por un virus que se había metido a mi sistema nervioso y habían atacado todos los nervios periféricos dando como resultado una parálisis total. No podía comer, ni pasar la saliva y no sentía nada de mi cuerpo excepto mi brazo izquierdo que lo mantenía elevado, alabando a mi Señor.

Tuvieron que limpiarme la sangre quitándome el plasma y reemplazándolo con otra de donantes voluntarios. Luego de siete días y siete horas por día se terminaron las sesiones; quedándome con esperanzas, pero en duda ya que los doctores no tenían experiencia en el trato de ese síndrome. Unos me decían que tal vez quedaría inválido con algo de movimiento, pero otros doctores me entusiasmaban a ser positivo.

Un nuevo problema había surgido; no podían introducir una sonda dentro de mi garganta para poder alimentarme. Los escuchaba todos preocupados diciendo: "Como podremos arreglar esta situación" … por lo menos mi oído se había agudizado y pude escucharlos; les hice una seña y con la mano izquierda escribiendo les autoricé que podían operarme y ponerme ese globo del que tanto estaban discutiendo. Ellos mencionaron que esa era una opción muy peligrosa ya que mis pulmones estaban librando esa parálisis y si me aplicaban anestesia, estos podían colapsar y ultimadamente, tendrían que ponerme en una cámara de respiración artificial.

Bueno lo entendí perfectamente; ¡estaba jodido!… lo pensé unos segundos y les mencioné que lo hicieran sin anestesia, así como en la guerra que operan con dolor. Ellos estaban preocupados, pero ahora tenían una opción que podría resolver el problema… me pidieron un par de horas para pensarlo y al cabo de cinco horas regreso solamente un doctor y esta vez había encontrado un doctor joven que se arriesgaría a hacerlo. Luego de una serie de documentos que había que firmar, procedimos al quirófano.

Gracias a esos ejercicios esotéricos que hice desde niño, controlando el dolor, pude entrar a la operación sin tanto miedo, confiaba en todos esos ejercicios y por supuesto que junto con la ayuda de Cristo; que mal me podría pasar.

Empezaron amarrándome con unas correas gruesas de cuero; yo me decía: "calma que todavía no pasa nada, esto pronto pasara" … hacia mis ejercicios de respiración y me concentraba en el color rojo; eso es lo que mis instructores me habían enseñado; ellos me miraban como dudando de que podría aguantar; yo los observaba muy atentamente. El doctor con dos enfermeros más empezaron limpiándome con alcohol y yodo, esto me hizo recordar el primer olor que experimente en mi nacimiento; me dio un poco de alegría; mi anticipación continuaba. Súbitamente sentí un fuerte dolor en mi estomago; rugí desde el principio hasta el fin de la operación, todo era doloroso y por más que hacía mis ejercicios me seguía doliendo; me concentré en la crucifixión de Jesucristo y me imaginaba lo que había tenido que sufrir.

Luego de 45 minutos largos, todo habían acabado. Me cerraron el estómago y me pusieron catorce grapas; por fin pude respirar y relajar mi cuerpo. Me transportaron a mi cuarto de cuidados intensivos y luego de unas horas me alimentaron por el tubo que habían insertado en mi estómago.

Todo había transcurrido de una manera emotiva, lo peor de todo es que no podía llorar porque mi nariz se bloquearía y me sería difícil respirar; esto fue la preocupación de los doctores que me lo recordaban a menudo: "no vayas a llorar" me lo repetían… por algo lo dirían; lo que es yo en ningún momento llore.

Estuve en el hospital durante veintiún días y al tomar mi decisión, o, si a un centro de rehabilitación, o, a mi casa; yo escogí a mi casa. Allí me esperaban mi mama, y mis hijas. Mi esposa me ayudaba arrastrándome hasta llegar a mi cama que habían puesto en el comedor; no me acuerdo porque, pero ahí pase mi recuperación. Todo el día me levantaba agarrándome de los muebles, a hacer ejercicios a como dé lugar; día y noche; no creo que durmiera por los siguientes tres meses, sentía una milésima de sensación en mis piernas y tenía que continuar, tenía que regresar a trabajar, tenía que ser el yo que había sido antes.

Luego de tres meses, por fin pude pasar saliva, como que mi garganta empezó a soltarse, me llevaron al hospital a verme por los rayos x, y con un poco de yogurt, pude lograrlo. La asistente me dio direcciones de como comer y pronto me llamarían para quitarme el globo que tenía en mi estómago. Tan pronto llegue a casa, me freí un bistec y lo licue, y así calientito y con mucha precaución pude tomármelo todo. Esos logros que, aunque muy insignificantes, me ayudaban a luchar por mi restauración.

Luego de tres meses más mis ojos se enderezaron y aunque tenía muchos calambres en el cuello y cabeza; los pude sobrepasar; ¡el dolor no me asusta! Pero tenía que ponerle ganas; esa rehabilitación duro un año y medio y aunque todavía estaba débil, pude regresar a trabajar. Tenía una compañía de construcción y mis clientes esperaban mi recuperación.

Me acuerdo el primer día de trabajo me subí para inspeccionar el techo, la escalera se dobló y caí de espaldas, había perdido mi rapidez, mi astucia. Termine en el hospital, luego de unos rayos x, resulto de que me había fracturado dos vertebras y los riñones estaban llenos de sangre. El doctor me ordeno que me mantenga echado en cama por una semana. Felizmente, anteriormente yo experimentaba con diferentes hierbas y me hacía tes para todos mis órganos, y en especial para los riñones. Los tome cada tres horas, día y noche y no me levantaba ni para ir al baño; luego de unos días empecé a mejorarme y al final de la semana regrese donde el doctor, quien me dio de alta y al lunes siguiente, regrese a trabajar; ahora con más cuidado y mucha precaución. De esto ya pasaron veinticinco años y me considero bendecido por haberme recuperado.

CAPITULO CUATRO

INMENSURABLE AMOR

La vida nos trae sorpresas que algunas veces son muy dolorosas, pero estas, son compensadas con todos los gratos momentos que llenan nuestra alma de afectos y esperanzas. No me siento desdichado, sino más bien bendecido, ya que pude experimentar algo que, aunque estuve teóricamente preparado; en la práctica, cumplí y lo logré. Todo fue una nueva experiencia que al final, pude salir sin que mi alma se haya dañado, más bien, estuve cerca de la muerte y logre esquivarla.

Durante los siguientes años, todo continuo de una manera cotidiana, seguía trabajando en la construcción, seguía instruyendo a mis hijas en la Biblia, seguía enseñando en la iglesia, y así continué hasta que mi esposa me dio la noticia de que estaba esperando un niño; para mí fue inesperado y la noticia me alegro, pero al mismo tiempo me preocupo ya que mi esposa ya había pasado los cuarenta cinco años y era un poco peligroso.

Tal como lo sospechaba, ella perdió el embarazo; no fue de mi agrado, pero la anime y le dije: "esto es parte de nuestro destino". Ella se sentía frustrada y los siguientes meses los pasó muy callada. Una mañana como cualquier otra, nos levantamos y fuimos a desayunar, tan pronto como me senté, me dijo que ya estuvo para ella; todo se acabó entre nosotros; ella quería experimentar otra vida; ya no quería ser mi esposa.

Bueno, ella había nacido aquí en Los Ángeles, la conocí en una iglesia muy de jóvenes; ella tenía dieciocho años y yo cumplía los veintiséis; yo ya estaba estudiando en el seminario y eso a ella la atrajo. Estuvimos de noviazgo durante dos años y finalmente nos casamos. Fue muy duro para los dos ya que nuestros planes tenían que cambiar y aunque los de ella eran más indeterminados, los míos estaban concretizados; yo ya me había acarreado a mis estudios.

Pronto llego nuestra primera niña y las preocupaciones crecieron; lo más preocupante para mí era que mi esposa no veía o por lo menos no lo dejaba notar; lo preocupante que era formar un hogar; ella todo lo veía muy simple; quizás porque este siendo su país natal, conocía la cultura sin los prejuicios que yo tenía que confrontar. Es duro viniendo de una clase media con aire de alcurnia a ser un peón, y aunque yo era el dueño de la compañía, el americano me vio siempre con desigualdad. Eso me hacía acordar de la misma manera con la que veíamos al indígena en nuestra capital; y el mundo da vueltas y seguirá igual.

Ella era una muchacha muy talentosa y de buen trato, pero el problema lo vi venir desde el inicio de nuestro matrimonio; tenía que ver con el prejuicio de la gente; ella era de raza blanca y aunque yo tengo descendencia italiana, mi lenguaje ingles lo hablo con acento latino. Muchos dirán "oye a mí no me paso eso", como serán las cosas, algunos pueden percibir más que los otros y ver dentro del alma; lo único que sé es que tengo un discernimiento elevado y desde que conozco a alguien, se dé qué pie cojea.

Nuestro matrimonio duro veinticuatro años y no diré que fue mala la relación, pero era buena solo cuando estábamos en casa; en la calle yo sentía el cambio y era reflejado en los ojos de la gente que veían mal nuestra unión; muchas veces nos lo decían, como tratando de aludir que ella era superior a mí, por el simple hecho de ser una mujer blanca. Esto lo veía en las películas de vaqueros cuando un gringo que se juntaba con una india sufría prejuicios y sin respetarlos le hacían la vida imposible; esto todavía no ha evolucionado. Bueno quien me mando a meterme en camisa de once varas.

Mi matrimonio finalizo; todo termino amigablemente; tan pronto como se declaró el divorcio, sentí un alivio emocional y una libertad deslumbrante, lleno de emociones nuevas, llenas de gozo; no creo que fuesen por nuestra separación sino más bien porque ahora podía dedicarme a lo que siempre he buscado sin tener las preocupaciones de un matrimonio. Mis hijas ya estaban mayores de edad y me había quedado solo con mi mejor amiga, mi mama.

Nosotros nos llevábamos de una manera amigable y familiar, lo que a ella le gustaba, por lo general a mí también me gustaba; ella fue mi compañera desde que nací hasta recientemente en que falleció a los noventa y siete años; quizás fue a causa del Coronavirus, pero nunca lo sabremos ya que en medio de todo el desorden que había, la tuvimos que enterrar rápidamente; los cementerios los estaban cerrando apresuradamente.

Ya casi llegamos al presente y lo único que tendría que agregar para entrar en la parte dos de este relato es que definitivamente mi amor es el conocimiento de Dios. Cada vez que leo la Biblia descubro la multifase que embarga su relato, yo continúo descubriendo cada día más y más de lo que Dios nos quiere enseñar; su gracia es infinita y lo revela en cada capa de su texto. Si quieres profundizarte, pues ahí estará el texto para satisfacerte, si simplemente quieres llenarte de emociones, también ella te agradará; si eres científico te deslumbrará; si eres artista te fascinará, si quieres criar a tus hijos en el buen vivir, no te defraudará. Este libro lo escribió Dios para tu salvación y lo ha mantenido vigente por todos los siglos de su existencia, para que te enteres del amor que te tiene y no para castigarte.

Concluyo: Este relato de la Primera Parte de esta narración, es básicamente los eventos que resumen de una manera sistemática los hechos que me llevaron a escribir esta publicación.

Desde mi nacimiento, que tiene rasgos extraños, y subsecuentemente mi crianza con todas las oposiciones con las que me enfrente, entrando en confusiones causadas por una educación escolar deficiente, más las cadenas que arrastramos de generación en generación, provocando incertidumbres en un joven que simplemente quería aprender la verdad de la vida.

La intensa pasión por aprender lo que toda esta vida significaba; enfrentándome a las huestes espirituales que me atrofiaban el camino, donde me esperaban personajes que aportaban a mis angustiosas caídas, las cuales me llevaron a caos emocionales y a la entrega de mi alma al satanismo. Una religión al igual que las demás, que te desvían del verdadero evangelio, del verdadero mensaje divino, sin importar la responsabilidad que tenemos de confrontar al enemigo y recibir la santidad que Dios nos ofrece, por medio del sacrificio del Hijo de Dios, quien se entregó como pago por los pecados del mundo, muriendo en la cruz por nosotros, para luego resucitar y darnos la Gracia y redención.

Mi historia es relatada con hechos verídicos y los hago así sin encubrimientos, ni vergüenzas, por el simple hecho de que el lector pueda relacionarse con la historia y vea el poder de Dios, al cambiarnos de nuestros caminos equivocados. Él es el único que puede hacerlo; propasando cualesquiera técnicas de gurús psicólogos que afirman su ciencia con audacia, pero que tienen en sus adeptos, personas que son esclavos de sus técnicas, las cuales los enriquecen a causa de estos incautos.

Mas aun, religiosos que secuestran a seguidores con señales y falsas doctrinas, acarreando con un mar de sectarios, quienes ayudan a incrementar el poder de sus iglesias y ensanchando las cuentas multimillonarias a las que se aferran. Adornando sus altares con idolatrías y aferrando a sus víctimas al terror. Gente vulgar de principios bajos, que se disfrazan de ovejas pero que en realidad son lobos asechando a sus víctimas. Ellos delegan responsabilidades y les dan títulos jerárquicos para ensanchar el ego de esos ignorantes que se disfrazan igualmente que sus líderes.

No soy un renegado, sino más bien alguien que tiene años de educación bíblica, que al principio fue recibida de instituciones prestigiosas, pero que continúe aprendiendo del método autodidáctico, así llegando a la certeza de lo que está en blanco y negro no desprenderá el destino de este libro.

SEGUNDA PARTE

LO QUE DESCUBRÍ. . .

Romanos 16: 25

Y a Aquel que es poderoso para afirmarlos conforme
a mi evangelio y a la predicación de Jesucristo,
según la revelación del misterio que ha sido
mantenido en secreto durante siglos sin fin,
pero que ahora ha sido manifestado,
y por las Escrituras de los profetas,
conforme al mandamiento del Dios eterno,
se ha dado a conocer a todas las naciones
para *guiarlas a* la obediencia de la fe,
al único *y* sabio Dios, por medio de Jesucristo,
sea la gloria para siempre. Amén.

El ministerio de Pablo a los gentiles

Efesios 3: 1-13

Por esta causa yo, Pablo, prisionero de Cristo Jesús por amor de ustedes los gentiles [2] si en verdad han oído de la dispensación de la gracia de Dios que me fue dada para ustedes; [3] que por revelación me fue dado a conocer el misterio, tal como antes les escribí brevemente.

[4] En vista de lo cual, leyendo, podrán entender mi comprensión del misterio de Cristo, [5] que en otras generaciones no se dio a conocer a los hijos de los hombres, como ahora ha sido revelado a Sus santos apóstoles y profetas por el Espíritu; [6] *a saber*, que los gentiles son coherederos y miembros del mismo cuerpo, participando igualmente de la promesa en Cristo Jesús mediante el evangelio.

[7] Es de este evangelio que fui hecho ministro, conforme al don de la gracia de Dios que se me ha concedido según la eficacia de Su poder. [8] A mí, que soy menos que el más pequeño de todos los santos, se me concedió esta gracia: anunciar a los gentiles las inescrutables riquezas de Cristo, [9] y sacar a la luz cuál es la dispensación del misterio que por los siglos ha estado oculto en Dios, creador de todas las cosas.

[10] De este modo, la infinita sabiduría de Dios puede ser dada a conocer ahora por medio de la iglesia a los principados y potestades en los *lugares* celestiales, [11] conforme al propósito eterno que llevó a cabo en Cristo Jesús nuestro Señor, [12] en quien tenemos libertad y acceso *a Dios* con confianza por medio de la fe en Él. [13] ruego, por tanto, que no desmayen a causa de mis tribulaciones por ustedes, porque son su gloria.

En estos tiempos de incertidumbre y de pánicos, me postro ante el Altísimo para pedirle que esta parte de esta narración sea un acceso hacia la liberación de las mentes que necesitan hacer un paro a las demandas de los regímenes de enseñanzas las cuales las han mantenido equivocadas. Ahora en tiempo de pruebas se notan las angustiosas suplicas y las respuestas que reciben de sus líderes que adjudican estos tiempos como el resultado de sus profecías; siempre los lobos repetirán constantemente... "sé los advertí...se los advertí" para que ellos salgan con una preferencial respuesta al dilema.

Los motivos del miedo son causados por la ignorancia de la comunicación con la Palabra de Dios, una Palabra que fue resguardada por siglos en el control total del Espíritu de Dios, quien nos apremia a estudiarla; pero que muy pocos están vinculados a su práctica. Quizás, este relato los inspire a seguir su búsqueda, ya que su liberación es **primordial** para la necesidad anhelada: "la verdad te hará libre".

Quiero mantenerme como una herramienta de ayuda para esta liberación; procediendo de una manera de mensajero fiel a su texto. Proporcionando reglas sistemáticas que son determinantes para apreciar las dispensaciones con las que Dios ha venido comunicándose con su creación.

Este proceso es claro, conciso, y determinante para nuestra salvación. Esa es la misión desde un principio, el proveer una relación de creación que califique asentando la convivencia eterna con nuestro Creador. Una convivencia basada en fe, obediencia, y respeto hacia nuestro Creador. El en su parte nos da la vida eterna y nos entrega su Espíritu como sello de esa relación haciéndonos coherederos de su gloria.

Todo esto fue dictaminado antes de su creación. Dios Padre planifico la restauración de todas las cosas en el sacrificio de su Hijo, revelando su gloria de una espectacular y perfecta manera. La máxima revelación de su gracia fue entregándonos a su Hijo para nuestra reconciliación. De esta manera, el Señor Jesús Cristo tomo nuestra naturaleza para que se produzca una intercesión entre Dios y la humanidad. El hiso eso para nuestro conocimiento, amor, confianza, reverencia y obediencia a Él, en todo, como Dios supremo de acuerdo con sus propósitos.

Enteramente de piel propia, soy participe de esa gracia, la cual me hace sumiso a su bondad; Él quiere lo mejor para nosotros, y en su Palabra están las claves para ese gozo anhelado que nos llenaran de tranquilidad. Los tiempos apremian hacia su regreso inminente; tal como Cristo nos lo dijo en los evangelios, vendrán tiempos horrendos, pero todo esto tiene que suceder. Él nos amparará y ultimadamente vendrá a nuestro rescate. Los poderes del maligno han venido acechando a su creación y pronto será tiempo de destrucción a este sistema que nos ha estado esclavizando sublimemente, hipnotizando a la humanidad con jueguitos tentadores; engañando a este mundo indefenso que pretende ser autónomo en sus decisiones, sin saber que han sido manipulados a creerlo y en su creencia se han esclavizado.

Siguientemente quiero presentarles el cuadro sinóptico I.- Referente a Los Tiempos y Dispensaciones para que, del tratado y exposición, podamos regresar fácilmente a su guía, estableciendo el contexto. Durante esta parte del libro me será fácil explicarles como Dios ha venido trabajando con su suprema creación para reconciliarse con ella a fin de que convivamos eternamente juntos.

Nosotros, fuimos creados para ser inmortales. Por causa de la desobediencia de Adán esa inmortalidad cambia a ser mortal; Dios está desde ese momento, tratando de reconciliar a la humanidad perdida; Él manda a su Hijo a encarnarse en lo que previamente había sido diseñado; un cuerpo material, para que eternamente Cristo permanezca Hombre/Dios y nosotros coherederos de esa gloria. Su crucifixión y resurrección lo establece perpetuamente y nos reconcilia eternamente.

Dios, que muchas veces y de varias maneras habló a nuestros antepasados en otras épocas por medio de los profetas, en estos días finales nos ha hablado por medio de su Hijo. A este lo designó heredero de todo, y por medio de él hizo el universo. El Hijo es el resplandor de la gloria de Dios, la fiel imagen de lo que él es, y el que sostiene todas las cosas con su palabra poderosa. Después de llevar a cabo la purificación de los pecados, se sentó a la derecha de la Majestad en las alturas. HEBREOS 1: 1-4

Me preguntan: ¿Por qué creo que la Biblia es el único libro que tiene la valides de nombrarse la única Palabra de Dios?… "hay otros libros sagrados de diferentes religiones que alegan tener la misma valides y que tienen la misma antigüedad que la Biblia" … Me refutan.

Y les contesto: No hay ningún libro religioso en este planeta que nombre 150 años antes el nombre de alguien que naciera a ser el rey Ciro de Persia; El rey Josafat se le menciona 300 años antes de que el naciera; no otro libro declara que todos los judíos serian desterrados y esparcidos de su territorio por toda la faz de la tierra y que algún día regresarían al mismo territorio de donde fueran expulsados. Dos mil años trascurrieron para que esa profecía se cumpliera.

No hay otro libro que profetice más de 300 hechos con respecto a la venida de Jesús en su primera visita, siendo todas completadas; no hay otro libro que profetice con tal exactitud. Salmos 22 fue escrito 1,000 años antes de Su encarnación y se cumplieron hasta los más mínimos detalles, profetiza no solo de su nacimiento, pasión, muerte y resurrección sino también lo que ha de venir en su Segundo Advenimiento, cuando establezca su Reino aquí en la tierra.

El profeta Isaías en su capítulo 52… 500 años antes del nacimiento de Jesús toma parte de este legado, mencionando lo que habría de suceder; y en el capítulo 53 lo que habrá de venir cuando se establezca su Reino terrenal. Jeremías 300 años antes de Cristo lo profetiza. Por supuesto que ellos padecieron torturas y condenas por presentar estos mensajes a un pueblo que se había separado de la ley de Dios.

Cualquier otro libro que quiera tomar prioridad o igualdad de veracidad es falso, vienen diseñados por satanás y sus hijos. Solamente hay una Palabra de Dios y esta es La Biblia, solamente puede haber un mensaje, solamente puede haber un autor; de las palabras de nuestro Señor Jesús el Cristo se menciona Jesús dijo: **"Yo soy el camino, y la verdad, y la vida; nadie viene al Padre sino por mí."** **Juan 14: 6.**

Colosenses 2: 8 ¨Mirad que nadie os haga cautivos por medio de *su* filosofía y vanas sutilezas, según la tradición de los hombres, conforme a los principios elementales del mundo y no según Cristo. Porque toda la plenitud de la Deidad reside corporalmente en Él, y habéis sido hechos completos en Él, que es la cabeza sobre todo poder y autoridad.

Y…esa es mi respuesta.

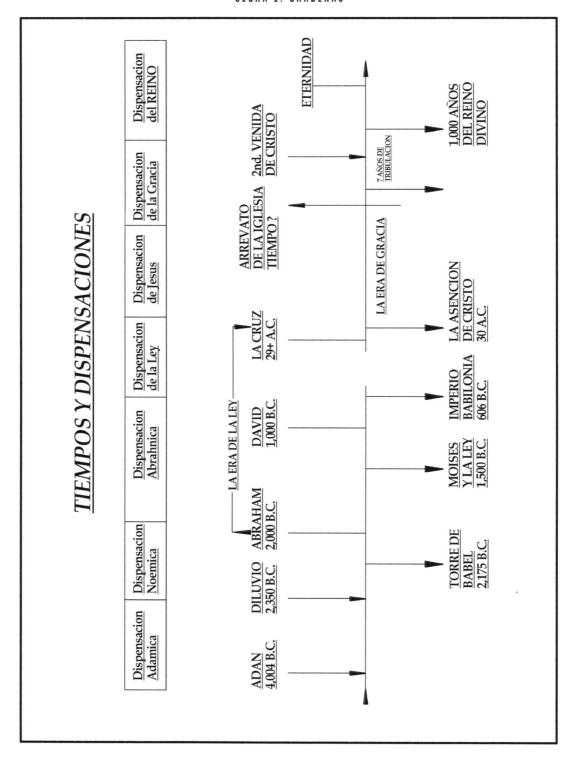

TIEMPOS Y DISPENSACIONES

Tratar de definir quién es Dios, es una tarea muy delicada, especialmente en referencia a la palabra Trinidad que en ninguna parte de La Biblia es mencionada; pero, es implícitamente descripta durante todas las Escrituras, desde Genesis hasta Revelaciones. En:

Genesis I; I, se menciona la palabra Dios... —*En el principio Dios*, —en su traducción en español; pero, en el idioma originario, el hebreo, la palabra es Eloheim, es una palabra en plural. Desde el inicio nos está diciendo que Dios es una existencia de varias personas; en el transcurso del texto se extiende y define quienes son esas Personas.

Juan I; I empieza con la misma frase — *En el principio, era el Verbo, y el Verbo era con Dios, y el Verbo era Dios.* — Aquí esta descripta la segunda Persona refiriéndose a Dios (Eloheim) o, el Verbo. Esto describe a la segunda Persona que vendría a comunicarse con su creación... ¡Jesús!

Mateo 28; I9: —*Por tanto, vayan y hagan discípulos de todas las naciones, bautizándolos en el nombre del Padre, del Hijo y del Espíritu Santo*. Se menciona la tercera Persona, el Espíritu Santo quien será explicada más extensamente conforme vayamos con nuestra redacción.

Definitivamente Dios es "plural" como está definida en estos textos y en muchos más. En una eternidad pasada El Consorcio Divino, previamente tenían enfrente de ellos, un — "lago de silencio", —así describo el nada, el vacío, lo obscuro, lo inexistente. Este vacío no les daba gloria; por lo tanto, en su conocimiento absoluto, Creador, hicieron todo lo que es existente.

Juan I; I, 4:

"En el principio ya existía el Verbo, y el Verbo estaba con Dios, y el Verbo era Dios. Él estaba con Dios en el principio. Por medio de él todas las cosas fueron creadas; sin él, nada de lo creado llegó a existir. En él estaba la vida, y la vida era la luz de la humanidad."

Tenemos que tomar en circunspección en todo momento, lo que está escrito en la Biblia, de igual manera de lo que no lo está, lo que no nos dice. Muchas son las fabulas y muy a la ligera acusamos a la Biblia de decir cosas que no son verídicas. Estas fabulas son como novelas que se inventan, causando a las siguientes generaciones establecerlas como verdaderas y ellos a su vez, contaran nuevos relatos que terminaran en un evangelio adulterado. Se imaginan en los últimos dos mil años cuantas mentiras se han acumulado, terminando en una humanidad sin Dios, llena de maldad y valores equivocados.

Siguiendo con el texto; vemos un abrupto cambio entre el primer verso de Genesis 1 con comparación al segundo verso. Esto no es explicado en el texto, pero, sacamos en deducción que quizás el momento inicial de la creación fueron hace seis mil años, o, sesenta mil, o seis billones. Aquí hay mucha polémica que no quiero incursionar ya que distraería la intención de este libro, entrando en disputas científicas. Lo que es real es que en el verso uno: Dios creo el firmamento y la tierra. En el verso dos la tierra se encuentra en caos total.

Dios, en el principio, creó los cielos y la tierra… La tierra era un caos total, las tinieblas cubrían el abismo, y el Espíritu de Dios se movía sobre la superficie de las aguas. Y dijo Dios: «¡Que exista la luz!» Y la luz llegó a existir.

Nos figuramos: ¿cómo un Dios todo poderoso podría haber creado un mundo en un "caos total" … para luego arreglarlo? Este interrogatorio lo descubrimos luego de ir al libro de Ezequiel 28: 13…

""Eras un modelo de perfección, lleno de sabiduría y de hermosura perfecta. Estabas en Edén, en el jardín de Dios, adornado con toda clase de piedras preciosas: rubí, crisólito, jade, topacio, cornalina, jaspe, zafiro, granate y esmeralda. Tus joyas y encajes estaban cubiertos de oro, y especialmente preparados para ti desde el día en que fuiste creado. Fuiste elegido querubín protector, porque yo así lo dispuse. Estabas en el santo monte de Dios, y caminabas sobre piedras de fuego. Desde el día en que fuiste creado tu conducta fue irreprochable, hasta que la maldad halló cabida en ti. Por la abundancia de tu comercio, te llenaste de violencia, y pecaste. Por eso te expulsé del monte de Dios, como a un objeto profano. A ti, querubín protector, te borré de entre las piedras de fuego. A causa de tu hermosura te llenaste de orgullo. A causa de tu esplendor, corrompiste tu sabiduría. Por eso te arrojé por tierra, y delante de los reyes te expuse al ridículo.»

Seguimos escrudiñando las escrituras y llegamos al libro de Isaías 14;12…

¡Cómo has caído del cielo, oh, Lucifer, ¡lucero de la mañana! Tú, que sometías a las naciones, has caído por tierra. Decías en tu corazón: «Subiré hasta los cielos. ¡Levantaré mi trono por encima de las estrellas de Dios! Gobernaré desde el extremo norte, en el monte de la reunión. Subiré a la cresta de las más altas nubes, seré semejante al Altísimo». ¡Pero has sido arrojado al sepulcro, a lo más profundo de la fosa! Los que te ven, te clavan en ti la mirada y reflexionan en cuanto a tu destino: «¿Y este es el que sacudía a la tierra y hacía temblar a los reinos, el que dejaba el mundo hecho un desierto, el que arrasaba sus ciudades?*

Este caos total fue causado por Lucifer a quien Dios derroco de su liderazgo celestial al querer ser como el Dios Supremo. No hay mucho más en que podemos explicar los eventos que preexistieron, ya que Dios no nos lo ha revelado excepto los anteriores mencionados. Claramente Ezequiel e Isaías, describen un mundo en el pasado con relatos ocurridos y definen a Lucifer como un ángel desfallecido. En el futuro, donde se describen los eventos que ocurrirán; veremos otras incorporaciones de Lucifer y su final.

En Deuteronomio 29; 29... *Lo secreto le pertenece al Señor nuestro Dios, pero lo revelado nos pertenece a nosotros y a nuestros hijos para siempre, para que obedezcamos todas las palabras de esta ley.*

Así que, para que especular en algo que Dios mantiene en secreto. En su soberanía él nos ira desglosando sus misterios. Cabe mencionar que Dios utiliza su Palabra como la única herramienta para comunicarse con la humanidad; aparte de ella no existe otro diseño de enseñanza. Antes de la palabra escrita Dios le dio dones a persona que el designo para que se mantenga la comunicación, así como lo hizo con los profetas y luego con los Apóstoles hasta que las escrituras puedan ser transmitidas en forma de papel en blanco y negro. Luego de eso Él nos anima a probar todos los espíritus y las enseñanzas conforme a lo que está escrito. Si la Biblia no lo dice o dice diferente, entonces, ¡corre! que más que seguro es falso.

EL DISPENSACIONALISMO

El dispensacionalismo es un método de interpretación de la historia, que divide la obra y los propósitos de Dios hacia la humanidad, en diferentes períodos de tiempo. Generalmente, hay siete dispensaciones identificadas, aunque algunos teólogos creen que hay nueve. Otros cuentan solo tres o tantas como treinta y siete dispensaciones. En este artículo nos limitaremos a las siete dispensaciones básicas que se encuentran en la Escritura.

La primera dispensación se llama la Dispensación de la Inocencia

(Génesis 1:28-30 y 2:15-17). Esta dispensación cubre el período de Adán y Eva en el Jardín del Edén. En esta dispensación los mandatos de Dios eran

- (1) poblar la tierra con hijos,
- (2) sojuzgar la tierra,
- (3) tener dominio sobre los animales,
- (4) cuidar del jardín, y
- (5) abstenerse de comer el fruto del árbol del conocimiento del bien y del mal. Dios les advirtió del castigo de la muerte física y espiritual si desobedecían. Esta dispensación fue de corta duración, y llegó a su fin por la desobediencia de Adán y Eva al comer el fruto prohibido y su consecuente expulsión del Jardín del Edén.

La segunda dispensación es llamada la Dispensación de la Conciencia,

- Duró como hasta 1,656 años desde el tiempo de la expulsión de Adán y Eva del Jardín del Edén, hasta el Diluvio (Génesis 3:8-8:22). Esta dispensación demuestra lo que la humanidad hará si se le deja a su voluntad y conciencia, la cual ha sido contaminada por su heredada naturaleza pecaminosa. Los cinco aspectos más importantes de esta dispensación son
- 1) una maldición sobre la serpiente,
- 2) un cambio en la feminidad y la maternidad,
- 3) una maldición sobre la naturaleza,
- 4) una imposición de trabajo sobre la humanidad para producir comida, y
- 5) la promesa de Cristo como la simiente que heriría a la serpiente en la cabeza (Satanás).

La tercera dispensación es la Dispensación del Gobierno Humano,

Se inició en Génesis 8. Dios había destruido la vida sobre la tierra con el Diluvio universal, salvando solo una familia para reiniciar la raza humana. Dios les dio las siguientes promesas y mandatos a Noé y su familia:

1. Dios ya no castigaría por agua la tierra.
2. Noé y su familia deberían repoblar la tierra.
3. Ellos tendrían dominio sobre el reino animal.
4. Se les permitía comer carne.
5. Es establecida la ley de la pena capital.
6. Nunca habría otro diluvio universal.
7. La señal de la promesa de Dios sería el arco iris.

Los descendientes de Noé no se dispersaron y repoblaron la tierra como Dios les ordenó, por tanto, fracasaron en su responsabilidad en esta dispensación.

- Cerca del 325 años después del diluvio, los habitantes de la tierra comenzaron a construir una torre, un gran monumento a su solidaridad y orgullo (Génesis 11:7-9). Dios puso fin a la construcción, creando diferentes lenguajes y forzando Su mandato de repoblar la tierra. El resultado fue el nacimiento de las diferentes naciones y culturas. A partir de ese momento, los gobiernos humanos han sido una realidad.

La cuarta dispensación, llamada la Dispensación de la Promesa, comenzó con el llamado de Abraham, continuando a través de las vidas de los patriarcas, y terminando con el éxodo del pueblo judío de Egipto, un período de aproximadamente 430 años. Durante esta dispensación, Dios desarrolló a una gran nación que Él había elegido Su pueblo (Génesis 12:1 – Éxodo 19:25).

La promesa básica durante la 'Dispensación de la Promesa,' fue el Pacto Abrahámico. Estos son los puntos clave de ese pacto incondicional:

- 1. De Abraham, saldría una gran nación que Dios bendeciría con prosperidad física y espiritual.
- 2. Dios haría grande el nombre de Abraham.
- 3. Dios bendeciría a aquellos que bendijeran a los descendientes de Abraham, y maldeciría a aquellos que los maldijeran.

- 4. En Abraham, todas las familias de la tierra serían bendecidas. Esto fue cumplido en Jesucristo y Su obra de salvación.
- 5. La señal del pacto es la circuncisión.
- 6. Este pacto, que fue repetido a Isaac y Jacob, está reservado para el pueblo hebreo y las 12 tribus de Israel.

La quinta dispensación es la llamada Dispensación de la Ley. Duró casi 1,500 años, desde el Éxodo, hasta que fue suspendido después de la muerte de Jesucristo, quien cumplió con los requisitos y clavo en la cruz la Ley y su maldición. Esta dispensación continuará durante el Milenio, con algunas modificaciones.

Durante la Dispensación de la Ley, Dios trató específicamente con la nación judía, a través del Pacto Mosaico, o la Ley, que se encuentra en Éxodo 19-23. La dispensación incluyó la adoración en el templo dirigida por sacerdotes, con la dirección adicional dicha a través de los voceros de Dios, los profetas. Eventualmente, debido a la desobediencia del pueblo al pacto, las tribus de Israel perdieron la Tierra Prometida y fueron sujetos a servidumbre, siendo desterrados y llevados como esclavos a los Reinos de los Gentiles, específicamente los de Babilonia y Mido-persas.

La sexta dispensación, la que estamos viviendo ahora, es la Dispensación de la Gracia. Comenzó con el Nuevo Pacto en la sangre de Cristo (Lucas 22:20). Esta "Era de la Gracia" o "Era de la Iglesia" ocurre entre los años 50 y 70 D.C. Comienza con la muerte de Cristo y termina con el Arrebatamiento de la iglesia (1 Tesalonicenses 4). Esta dispensación es mundial e incluye tanto a judíos como a gentiles. La responsabilidad del hombre durante la Dispensación de la Gracia es creer en Jesucristo, el Hijo de Dios, su sacrificio de sangre, muerte y resurrección 1 Corintios 15:1-4. En esta dispensación, el Espíritu Santo mora en los creyentes como el Consolador (Juan 14:16-26) el Dios de esta era. Esta dispensación ha durado ya más de 2,000 años, y nadie sabe cuándo terminará. Lo que sí sabemos es que terminará con el Arrebatamiento, y todos los creyentes del mundo, irán al cielo con Cristo. Después del Arrebatamiento, tendrán lugar los juicios de Dios que durarán siete años, llamada la Gran Tribulación

La séptima dispensación se llama El Reino Milenio de Cristo y durará por 1,000 años mientras Cristo mismo gobierna sobre la tierra. Este Reino cumplirá la profecía para la nación judía, de que Cristo regresará y será su Rey. Los únicos a quienes se le permitirá la entrada al Reino, son los creyentes nacidos de nuevo de la Era de la Gracia y los justos que sobrevivieron los siete años de la tribulación. A ninguna persona, <u>no salva</u>, se le permitirá el acceso a este reino. Satanás es atado durante los 1,000 años. Este período termina con el juicio final (Apocalipsis 20:11-14). El viejo mundo es destruido por fuego, y dará comienzo al Nuevo Cielo y la Nueva Tierra de Apocalipsis 21 y 22.

I. <u>Dispensación Adámica o de la Inocencia</u>

Desde el principio, Dios siempre toma la iniciativa y establece la forma de que el hombre camine en amistad con su Creador; esto es establecido desde el preciso momento en el que Adán y Eva pecaron. Por medio de algunas normas los deja con la esperanza del perdón y de la vida eterna.

Dios el Señor dijo entonces a la serpiente: «Por causa de lo que has hecho, ¡maldita serás entre todos los animales, tanto domésticos como salvajes! Te arrastrarás sobre tu vientre, "Pondré enemistad entre tú y la mujer, y entre tu simiente y la de ella; su simiente te aplastará la cabeza, pero tú le morderás el talón». Genesis 3: 14, 15

Dios, durante ese periodo, desde la expulsión del paraíso hasta el diluvio (2,354 años); les dio normas en las que establece una ofrenda de sangre. Las escrituras no mencionan directamente cuales eran las normas; pero podemos distinguir en el confrontamiento entre Caín y Abel, cuales eran esas reglas.

Abel fue pastor de ovejas y Caín fue labrador de la tierra. 3 Al transcurrir el tiempo, Caín trajo al Señor una ofrenda del fruto de la tierra. 4 También Abel, por su parte, trajo de los primogénitos de sus ovejas y de la grasa de los mismos. El Señor miró con agrado a Abel y su ofrenda, 5 pero no miró con agrado a Caín y su ofrenda. Caín se enojó mucho y su semblante se demudó. 6 Entonces el Señor dijo a Caín: «¿Por qué estás enojado, y por qué se ha demudado tu semblante? 7 Si haces bien, ¿no serás aceptado? Pero si no haces bien, el pecado yace a la puerta y te codicia, pero tú debes dominarlo». Genesis 4: 2, 7 Nueva Biblia de las Américas

Cabe mencionar que entre dispensación y dispensación hay un periodo que se va evolucionando conforme a los designios divinos. En la primera era, estos habitantes no tenían conocimiento de las cosas futuras excepto que, después de varias eras, mediante los profetas, verían su evolución; quienes repetían lo que Dios les había ordenado. En el cuadro sinóptico I; se muestra las eras de la humanidad, que conforme van pasando los tiempos; tendrán una nueva condición o cambio en su convenio.

También tenemos que darnos cuenta de que durante los primeros aproximadamente 1600 años de experiencia, desde Adán hasta el diluvio de Noé, no había ninguna Ley escrita. El hombre simplemente tenía en su conciencia lo que estaba bien y lo que estaba mal por medio de lo que estaba creado, específicamente el cosmos. Tampoco hubo ninguna forma de sistema de culto. Ahora todo esto, creo que fue para un propósito, porque a medida que entramos a través de las Escrituras, y llegamos a través de la experiencia humana, y el desarrollo del programa de Dios, se darán cuenta de que el hombre se movió desde un conjunto de circunstancias a otro. No es que Dios haya cambiado, porque Dios nunca cambia. Pero para mostrarnos cómo el hombre, sólo paso a paso, tiene que ser de alguna manera instruido.

Volviendo a los primeros 1600 años, el hombre no tiene una forma de adoración, y ninguna ley escrita, y lo que demostró la humanidad es que no podía existir de esa manera, por el tiempo que se llega al final de este período de la experiencia humana… ¿cuál era su imagen?

La violencia lleno la tierra, se corrompió, y completamente se volvieron contra Dios. El hombre hizo un desastre de todo, así que Dios va a destruirlos con las aguas de la inundación de Noé, y luego va a llegar a continuar con una diferente administración.

Durante este proceso Dios va probando a la humanidad sobre su obediencia; ya que tenía que cambiar lo innato conforme a la naturaleza pecaminosa (Adánica) para redimir sus pecados. Caín no accedió y Abel ¡sí! A Abel se le perdono sus transgresiones y a Caín… ¡NO!

Eso nos da el conocimiento de que estamos en comunión con Dios mediante la fe, asintiendo únicamente lo que Dios nos dice. A mi parecer, Caín en los ojos de hoy día sería el más popular, ya que trabajaba duro por el sustento de la familia, y sus frutos daban crédito a todo lo que hacía; quizás un poco arrogante ya que en comparación a su hermano Abel; que se pasaba todo el día llevando las ovejas a pastorear; al final del día se vería claramente, quien había trabajado más. Quizás él pudo haber aceptado a esta sumisión que Dios le ofreció, si se hubiera humillado y accedido… ¡No solamente hay que creer en Dios sino que hay que creerle a Dios!

Caín viene a ser entonces el primer religioso, el padre de todas las religiones; quien quiso implantar sus creencias con el fruto de su orgullo, para poder redimirse con Dios… ¡NO! Eso no puede ser así; ya que obtendrías el mismo resultado de Caín y lo que su descendencia recibió.

Dios lo castiga: *Cuando cultives la tierra, no te dará sus frutos, y en el mundo serás un fugitivo errante. Genesis 4; 12.* Le da una liberación a su super orgullo, aniquilando lo que tanto lo enaltecía.

Adán se unió otra vez a su mujer; y ella dio a luz un hijo y le puso por nombre Set, porque, dijo ella: «Dios me ha dado otro hijo en lugar de Abel, pues Caín lo mató». 26 A Set le nació también un hijo y le puso por nombre Enós. Por ese tiempo comenzaron los hombres a invocar el nombre del Señor. Genesis 4: 25 (NBLA)

2. Dispensación Noética

Matusalén engendro a Lamec. Lamec tenía ciento ochenta y dos años cuando fue padre de Noé. Le dio ese nombre porque dijo: *«Este niño nos dará descanso en nuestra tarea y penosos trabajos, en esta tierra que maldijo el Señor».*

Esta es la historia de Noé:

Noé era un hombre justo y honrado entre su gente. Siempre anduvo fielmente con Dios. Tuvo tres hijos: Sem,

Cam y Jafet. Pero Dios vio que la tierra estaba corrompida y llena de violencia. Al ver Dios tanta corrupción en la tierra, y tanta perversión en la gente, le dijo a Noé: «He decidido acabar con toda la gente, pues por causa de ella la tierra está llena de violencia. Así que voy a destruir a la gente junto con la tierra. Constrúyete un arca de madera resinosa, hazle compartimentos, y cúbrela con brea por dentro y por fuera. Genesis 6; 9-14 Verso 22 continua: Y Noé hizo todo según lo que Dios le había mandado.

Dios vio que Noé era el único hombre en esa generación que era justo y a pesar de que fuese muy extraño lo que Dios le pidió que hiciera, él lo hiso: *"tal como Dios se lo había mandado. Luego el SEÑOR cerró la puerta del arca."*

Tenemos que ver que en esa época existían varios billones de habitantes, en el capítulo 6 de Genesis menciona a una raza de gigantes que eran llamados hijos de Dios, creo que eran ángeles de la existencia anterior que supuestamente rondaban por la nueva tierra y estos como lo menciona el texto:

"Al unirse los hijos de Dios con las hijas de los seres humanos y tener hijos con ellas, nacieron gigantes, que fueron los famosos héroes de antaño. A partir de entonces hubo gigantes en la tierra.

Al ver el SEÑOR que la maldad del ser humano en la tierra era muy grande, y que todos sus pensamientos tendían siempre hacia el mal, se arrepintió de haber hecho al ser humano en la tierra, y le dolió en el corazón. Entonces dijo: «Voy a borrar de la tierra al ser humano que he creado. Y haré lo mismo con los animales, los reptiles y las aves del cielo. ¡Me arrepiento de haberlos creado!» Pero Noé contaba con el favor del SEÑOR.

En el Antiguo Testamento la frase "hijos de Dios" siempre se refiere a los ángeles (Job 1:6; 2:1; 38:7). Un problema potencial con esto está en Mateo 22:30, que indica que los ángeles no se casan. La Biblia no nos da ninguna razón para creer que los ángeles tienen un género o son capaces de reproducirse. La debilidad de otros puntos de vista; es que los hombres humanos comunes y corrientes que se casan con mujeres humanas comunes y corrientes no explican por qué los hijos eran "gigantes" o "héroes de la antigüedad, hombres de renombre". Además, ¿por qué decidiría Dios traer el diluvio en la tierra (Génesis 6:5-7) cuando Dios nunca había prohibido a hombres humanos poderosos o descendientes de Seth casarse con mujeres humanas ordinarias o descendientes de Caín? El juicio que se avecina de Génesis 6:5-7 se vinculado a lo que ocurrió en Génesis 6:1-4. Sólo el matrimonio obsceno y perverso de ángeles caídos con mujeres humanas parecería justificar un juicio tan duro.

Esta fue la orden directa que Dios les dio como un pacto y en ella estaba incluida lo ceremonial de abstenerse de comer o tomar sangre, (en referencia a lo que habría que venir; (el sacrificio de Cristo en la cruz) Para entonces ellos sabían que la ofrenda de sangre se había establecido desde antes del diluvio; siendo esta, tomada en fe, para la remisión de los pecados. Todo esto determina que hay que creerle a Dios en lo que Él dice.

Todo lo que se mueve y tiene vida, al igual que las verduras, les servirá de alimento. Yo les doy todo esto. Pero no deberán comer carne con sangre; la sangre es vida. Por cierto, de la sangre de ustedes yo habré de pedirles cuentas. A todos los animales y a todos los seres humanos les pediré cuentas de la vida de sus semejantes. Genesis 9; 5 y continua en verso 7:

"En cuanto a ustedes, sean fecundos y multiplíquense; sí, multiplíquense y llenen la tierra».

Simplemente leemos a continuación que ellos no les importo lo que les habían ordenado ya que en vez de: *"En cuanto a ustedes, sean fecundos y multiplíquense; sí, multiplíquense y llenen la tierra"*. Ellos, se mantuvieron congregados en una región y se sintieron poderosos, al extremo de llegar a querer ser como el Dios de las alturas. Estas son las mismas palabras que pronuncio Lucifer antes de su caída: *"Subiré a la cresta de las más altas nubes, seré semejante al Altísimo"*. Durante el repaso de la Biblia vamos a observar el continuo desobedecer de la humanidad; al igual que ahora, nadie escucha a Dios y todos quieren llagar a ser poderosos.

En ese entonces se hablaba un solo idioma en toda la tierra. Al emigrar al oriente, la gente encontró una llanura en la región de Sinar, y allí se asentaron. Un día se dijeron unos a otros: «Vamos a hacer ladrillos, y a cocerlos al fuego». Fue así como usaron ladrillos en vez de piedras, y asfalto en vez de mezcla. Luego dijeron: «Construyamos una ciudad con una torre que llegue hasta el cielo. De ese modo nos haremos famosos y evitaremos ser dispersados por toda la tierra». Pero el SEÑOR bajó para observar la ciudad y la torre que los hombres estaban construyendo, y se dijo: «Todos forman un solo pueblo y hablan un solo idioma; esto es solo el comienzo de sus obras, y todo lo que se propongan lo podrán lograr. Será mejor que bajemos a confundir su idioma, para que ya no se entiendan entre ellos mismos».

De esta manera el SEÑOR los dispersó desde allí por toda la tierra, y por lo tanto dejaron de construir la ciudad. Por eso a la ciudad se le llamó Babel, porque fue allí donde el SEÑOR confundió el idioma de toda la gente de la tierra, y de donde los dispersó por todo el mundo. Genesis 11; 1-9

Este relato sucedió aproximadamente en el año 2,200 A.C. unos 200 años antes de que Abraham entre al escenario. Algo que quiero enfatizar cuando mencionamos a la Torre de Babel; cada religión falsa, cada religión pagana, cada culto, cada relato mitológico, cada religión idólatra, inclusive las religiones modernas, tiene sus raíces en la Torre de Babel.

Recuerde que Dios había ordenado a la humanidad que se dispersaran después de la inundación, y no lo hicieron. Así que ese grupo de personas estaban decididas a encontrar una nueva alterativa para acercarse a Dios, y esa fue toda la idea de la Torre de Babel. Eso era un lugar de falsa adoración. En lo más poderoso de tu ser, en lo que más te enorgulleces, en eso Dios vendrá y lo destruirá.

Así que desde la Torre de Babel durante los próximos 200 años la raza humana sólo va profundizándose en las religiones falsas. Para el momento en que será la llamada de Abraham en el año 2000 A. C., no había un solo creyente en el Dios verdadero sobre la fase de la tierra. Una vez más toda la raza humana había sucumbido a religiones Satánicas, religiones falsas que habían resurgido en Babel. En otras palabras, todos eran idolatras incluyendo el propio Abraham.

3. <u>Dispensación Abrahámica</u>

Después de ver que toda la humanidad, una vez más habían quebrantado el convenio que hizo con Noe y sus hijos; y viendo que un pueblo sin gobierno es anárquico, Dios hace un llamado a Abraham, ciudadano de la región de Siria para plantearle un *nuevo convenio*, estableciendo una raza que sería un sacerdocio real, para que gobiernen al resto de las naciones. Cabe mencionar que no había ninguna persona que siguiera a Dios, todos eran paganos, incluyendo Abraham.

Y el Señor dijo a Abram: «Vete de tu tierra, De entre tus parientes Y de la casa de tu padre, A la tierra que Yo te mostraré. 2 Haré de ti una nación grande, Y te bendeciré, Engrandeceré tu nombre, Y serás bendición. 3 Bendeciré a los que te bendigan, Y al que te maldiga, maldeciré. En ti serán benditas todas las familias de la tierra». Genesis 12; 1-3 (NBLA)

Abraham hizo tal como el Señor se lo pidió y luego de dirigirse a la tierra cerca de la región de Hebrón Dios le dio una promesa:

Y el Señor dijo a Abram después que Lot se había separado de él: «Alza ahora los ojos y mira desde el lugar donde estás hacia el norte, el sur, el oriente y el occidente, 15 pues toda la tierra que ves te la daré a ti y a tu descendencia para siempre. 16 Haré tu descendencia como el polvo de la tierra; de manera que si alguien puede contar el polvo de la tierra, también tu descendencia podrá contarse. 17 Levántate, recorre la tierra a lo largo y a lo ancho de ella, porque a ti te la daré». Genesis 13; 15-17 (NBLA)

Todas las personas que creemos que la Biblia es la palabra de Dios; tenemos que creer lo que dice, sin peros, ni estudios de genealogías, ni estudios geográficos, tratando de escusar sus negaciones hacia las palabras del texto; el texto <u>"es lo que dice y dice lo que es."</u>

Así que Dios había visto en 2000 años de historia humana; al hombre que no aceptaba Su oferta de simplemente ser obedientes y creyentes de lo que Él dice, así que ahora va a hacer algo totalmente diferente, cuando llama a este hombre Abram (Abraham). Dios va a sacar de este río de una humanidad que se dirige a una eternidad perdida, a este hombre Abraham. Va a darle un pacto en Génesis capítulo 12, y va a decirle, "que fuera de él vendrá una nación de pueblo, la nación de Israel o como mejor se les conoce como "los judíos". Así que desde Génesis capítulo 12 todo el camino hasta nuestro Nuevo Testamento, la Biblia está tratando casi totalmente con la nación de Israel. Incluyendo la Encarnación del Mesías.

Estudiando el pasado y sus instrucciones, podremos llegar al tiempo presente y podremos entender cuál es nuestro llamado; descartando todas las enseñanzas falsas, las cuales tienen a la humanidad encarcelada por "aquel" que se enalteció ante Dios; constantemente atacando Sus convenios y la veracidad de Su escritura; tratando de persuadir incautos a servirle como instrumentos de deshonra.

Y Melquisedec, rey de Salem, sacó pan y vino; él era sacerdote del Dios Altísimo[q]. 19 Él lo bendijo, diciendo: «Bendito sea Abram del Dios Altísimo, Creador del cielo y de la tierra; 20 Y bendito sea el Dios Altísimo Que entregó a tus enemigos en tu mano». Y Abram le dio el diezmo de todo. 21 El rey de Sodoma dijo a Abram: «Dame las personas y toma para ti los bienes». 22 Y Abram dijo al rey de Sodoma: «He jurado al Señor, Dios Altísimo, creador del cielo y de la tierra, 23 que no tomaré ni un hilo ni una correa de zapato, ni ninguna cosa suya, para que no diga: "Yo enriquecí a Abram". 24 Nada tomaré, excepto lo que los jóvenes han comido y la parte de los hombres que fueron conmigo: Aner, Escol y Mamre. Ellos tomarán su parte».

Genesis 14; 18-21 (NBLA)

Aquí aparece Melquisedec, quien es designado como el sacerdote del Altísimo; esto nos da la idea que Melquisedec es la Epifanía de nuestro Señor Jesús el Cristo; quien es únicamente descripto como el Sumo Sacerdote de la humanidad. El nombre de Melquisedec significa: "Rey de justicia y además Rey de paz"

Dios puso esa nación de personas en una zona geográfica entre el Mediterráneo y el río Jordán, que llamamos Tierra Santa. Los antiguos incluso antes de Abraham, por una razón u otra, referían a ese territorio como territorio Divino y realmente no sabían por qué. Era evidente que Dios tenía el destino en ese pequeño terreno.

Mucho después de que, a Abraham, le habían prometido una nación, un pueblo, en un área geográfica de la tierra; la tercera parte de ese pacto era la llegada de un gobierno, en la persona de un rey. Así que aquí está el comienzo, entonces, de Dios tratando con la nación de Israel, bajo las promesas del convenio, y está estableciendo el escenario para la venida de su Rey que sería el gobierno mundial.

El sentido común nos dice, que no se puede tener una nación de personas que operan como una sociedad si no hay ningún tipo de gobierno, porque entonces todo lo que tienes es anarquía. Ellos tenían la promesa constante delante de ellos, que llegó el momento en que Dios proporcionaría su gobierno en la persona del ¡Rey, el Mesías, que sería el Hijo de Dios!

Así que todo el Antiguo Testamento, ya sea historia, Salmos, o los Libros de los profetas, está preparando a la nación de Israel por la venida de su Rey, su Mesías, y Redentor, porque tenía que haber salvación antes de que cualquiera del resto de las promesas pudiera venir a suceder.

Una nación: el terreno que se describe *"En aquel día el Señor hizo un pacto con Abram. Le dijo: —A tus descendientes les daré esta tierra, desde el río de Egipto hasta el gran río, el Éufrates. Me refiero a la tierra de los quenitas, los quenizitas, los cadmoneos, los hititas, los ferezeos, los refaítas, los amorreos, los cananeos, los gergeseos y los jebuseos. Genesis 15; 18*

Instituyendo su territorio, desde donde Reinara su Rey, aquí en la tierra. Desde ese momento y a pesar de todas las penurias Dios a protegido esa nación para el establecimiento de su Reino aquí en la tierra.» *Lo secreto le pertenece al Señor nuestro Dios, pero lo revelado nos pertenece a nosotros y a nuestros hijos para siempre, para que obedezcamos todas las palabras de esta ley.*

¡Esto es lo que es ordenado por Dios! La tierra en realidad no le pertenece a nadie más que al Reino de Dios aquí en la tierra. El pueblo judío será quienes gobiernen en una Teocracia encabezada por Jesús Cristo. con un Sacerdocio Real, consistiendo la nación judía como los asistentes del Rey. Su promesa reside después del sacrificio en la cruz. Este es el evangelio del Reino de Jehová aquí en la tierra.

»Y sucederá que cuando todas estas cosas hayan venido sobre ti, la bendición y la maldición que he puesto delante de ti, y tú las recuerdes en todas las naciones adonde el Señor tu Dios te haya desterrado, 2 y vuelvas al Señor tu Dios, tú y tus hijos, y le obedezcas con todo tu corazón y con toda tu alma conforme a todo lo que yo te ordeno hoy, 3 entonces el Señor tu Dios te hará volver de tu cautiverio, y tendrá compasión de ti y te recogerá de nuevo de entre todos los pueblos adonde el Señor tu Dios te haya dispersado. 4 Si tus desterrados están en los confines de la tierra, de allí el Señor tu Dios te recogerá y de allí te hará volver. 5 Y el Señor tu Dios te llevará a la tierra que tus padres poseyeron, y tú la poseerás; y Él te prosperará y te multiplicará más que a tus padres. 6» Además, el Señor tu Dios circuncidará tu corazón y el corazón de tus descendientes, para que ames al Señor tu Dios con todo tu corazón y con toda tu alma, a fin de que vivas. 7 El Señor tu Dios pondrá todas estas maldiciones sobre los enemigos y sobre los aborrecedores que te persiguieron. 8 Y tú volverás a escuchar la voz del Señor, y guardarás todos Sus mandamientos que yo te ordeno hoy. 9 Entonces el Señor tu Dios te hará prosperar abundantemente en toda la obra de tu mano, en el fruto de tu vientre, en el fruto de tu ganado y en el producto de tu tierra, pues el Señor de nuevo se deleitará en ti para bien, tal como se deleitó en tus padres, 10 si obedeces a la voz del Señor tu Dios, guardando Sus mandamientos y Sus estatutos que están escritos en este libro de la ley, y si te vuelves al Señor tu Dios con todo tu corazón y con toda tu alma. Deuteronomio 30; 1-10 (NBLA)

Gran parte de esta promesa se realizó al reestablecerse Israel como nación (1948), y bendiciéndose la desértica tierra a una abundante fertilidad. Lo que Dios promete, ¡lo cumple!

4. Dispensacion de la Ley

La sucesión de las leyes empezó con los 10 Mandamientos dados a Moisés y luego estableciendo más de 630 normas que se incluyen con la LEY LEVITICA, la cual el pueblo judío estaba obligado a hacer en detalle, de otra manera serian amonestados con severos castigos los cuales se incluían la muerte.

Este es un estudio muy intenso y en esta parte de la narración seria inapropiado exponer de una manera ligera su contenido, ya que rebalsaríamos las fronteras de este libro.

5. <u>Dispensación de Jesucristo:</u>

La segunda parte del convenio: un sacerdocio. . . . *donde entró Jesús por nosotros como precursor, hecho sumo sacerdote para siempre según el orden de Melquisedec. Hebreos 6; 20 (NBLA)*

Un gobierno: manejado por un Rey que sería el Hijo de Dios y estableciendo su nuevo convenio.

Por lo tanto, ya que, en Jesús, el Hijo de Dios, tenemos un gran sumo sacerdote que ha atravesado los cielos, aferrémonos a la fe que profesamos. Porque no tenemos un sumo sacerdote incapaz de compadecerse de nuestras debilidades, sino uno que ha sido tentado en todo de la misma manera que nosotros, aunque sin pecado. Así que acerquémonos confiadamente al trono de la gracia para recibir misericordia y hallar la gracia que nos ayude en el momento que más la necesitemos.

Todo sumo sacerdote es escogido de entre los hombres. Él mismo es nombrado para representar a su pueblo ante Dios, y ofrecer dones y sacrificios por los pecados. Puede tratar con paciencia a los ignorantes y extraviados, ya que él mismo está sujeto a las debilidades humanas. Por tal razón se ve obligado a ofrecer sacrificios por sus propios pecados, como también por los del pueblo.

Nadie ocupa ese cargo por iniciativa propia; más bien, lo ocupa el que es llamado por Dios, como sucedió con Aarón. Tampoco Cristo se glorificó a sí mismo haciéndose sumo sacerdote, sino que Dios le dijo:

«Tú eres mi hijo; hoy mismo te he engendrado». Y en otro pasaje dice: *«Tú eres sacerdote para siempre, según el orden de Melquisedec».*

En los días de su vida mortal, Jesús ofreció oraciones y súplicas con fuerte clamor y lágrimas al que podía salvarlo de la muerte, y fue escuchado por su reverente sumisión. Aunque era Hijo, mediante el sufrimiento aprendió a obedecer; y, consumada su perfección, llegó a ser autor de salvación eterna para todos los que le obedecen, y Dios lo nombró sumo sacerdote según el orden de Melquisedec.

Cuando Dios hizo su promesa a Abraham, como no tenía a nadie superior por quien jurar, juró por sí mismo, y dijo: *«Te bendeciré en gran manera y multiplicaré tu descendencia».* Y así, después de esperar con paciencia, Abraham recibió lo que se le había prometido. Los seres humanos juran por alguien superior a ellos mismos, y el juramento, al confirmar lo que se ha dicho, pone punto final a toda discusión. Por eso Dios, queriendo demostrar claramente a los herederos de la promesa que su propósito es inmutable, la confirmó con un juramento. Lo hizo así para que, mediante la promesa y el juramento, que son dos realidades inmutables en las cuales es imposible que Dios mienta, tengamos un estímulo poderoso los que, buscando refugio, nos aferramos a la esperanza que está delante de nosotros. Tenemos como firme y segura ancla del alma una esperanza que penetra hasta detrás de la cortina del santuario, hasta donde Jesús, el precursor, entró por nosotros, llegando a ser sumo sacerdote para siempre, según el orden de Melquisedec.

Jesús, semejante a Melquisedec

Si hubiera sido posible alcanzar la perfección mediante el sacerdocio levítico (pues bajo este se le dio la ley al pueblo), ¿qué necesidad había de que más adelante surgiera otro sacerdote, según el orden de Melquisedec y no según el de Aarón? Porque cuando cambia el sacerdocio, también tiene que cambiarse la ley. En efecto, Jesús, de quien se dicen estas cosas, era de otra tribu, de la cual nadie se ha dedicado al servicio del altar. Es evidente que nuestro Señor procedía de la tribu de Judá, respecto a la cual nada dijo Moisés con relación al sacerdocio. Y lo que hemos dicho resulta aún más evidente si, a semejanza de Melquisedec, surge otro sacerdote que ha llegado a serlo no conforme a un requisito legal respecto a linaje humano, sino conforme al poder de una vida indestructible. Pues de él se da testimonio:

«Tú eres sacerdote para siempre, según el orden de Melquisedec».

Por una parte, la ley anterior queda anulada por ser inútil e ineficaz, ya que no perfeccionó nada. Y, por la otra, se introduce una esperanza mejor, mediante la cual nos acercamos a Dios.

¡Y no fue sin juramento! Los otros sacerdotes llegaron a serlo sin juramento, mientras que este llegó a serlo con el juramento de aquel que le dijo:

«El Señor ha jurado, y no cambiará de parecer: "Tú eres sacerdote para siempre"». Hebreos 5:6 (NBLA)

Por tanto, Jesús ha llegado a ser el que garantiza un pacto superior.

Ahora bien, como a aquellos sacerdotes la muerte les impedía seguir ejerciendo sus funciones, ha habido muchos de ellos; pero, como Jesús permanece para siempre, su sacerdocio es imperecedero. Por eso también puede salvar por completo a los que por medio de él se acercan a Dios, ya que vive siempre para interceder por ellos.

Nos convenía tener un sumo sacerdote así: santo, irreprochable, puro, apartado de los pecadores y exaltado sobre los cielos. A diferencia de los otros sumos sacerdotes, él no tiene que ofrecer sacrificios día tras día, primero por sus propios pecados y luego por los del pueblo; porque él ofreció el sacrificio una sola vez y para siempre cuando se ofreció a sí mismo. De hecho, la ley designa como sumos sacerdotes a hombres débiles; pero el juramento, posterior a la ley, designa al Hijo, quien ha sido hecho perfecto para siempre.

El sumo sacerdote de un nuevo pacto

Ahora bien, el punto principal de lo que venimos diciendo es que tenemos tal sumo sacerdote, aquel que se sentó a la derecha del trono de la Majestad en el cielo, el que sirve en el santuario, es decir, en el verdadero tabernáculo levantado por el Señor y no por ningún ser humano.

A todo sumo sacerdote se le nombra para presentar ofrendas y sacrificios, por lo cual es necesario que también tenga algo que ofrecer. Si Jesús estuviera en la tierra, no sería sacerdote, pues aquí ya hay sacerdotes que presentan las ofrendas en conformidad con la ley. Estos sacerdotes sirven en un santuario que es copia y sombra del que está en el cielo, tal como se le advirtió a Moisés cuando estaba a punto de construir el tabernáculo: «Asegúrate de hacerlo todo según el modelo que se te ha mostrado en la montaña». Pero el servicio sacerdotal que Jesús ha recibido es superior al de ellos, así como el pacto del cual es mediador es superior al antiguo, puesto que se basa en mejores promesas.

Efectivamente, si ese primer pacto hubiera sido perfecto, no habría lugar para un segundo pacto. Pero Dios, reprochándoles sus defectos, dijo:

«Vienen días —dice el Señor—, en que haré un nuevo pacto con la casa de Israel y con la casa de Judá. No será un pacto como el que hice con sus antepasados el día en que los tomé de la mano y los saqué de Egipto, ya que ellos no permanecieron fieles a mi pacto, y yo los abandoné —dice el Señor—. Este es el pacto que después de aquel tiempo haré con la casa de Israel —dice el Señor—: Pondré mis leyes en su mente y las escribiré en su corazón. Yo seré su Dios, y ellos serán mi pueblo. Ya no tendrá nadie que enseñar a su prójimo, ni dirá nadie a su hermano: "¡Conoce al Señor!", porque todos, desde el más pequeño hasta el más grande, me conocerán. Yo les perdonaré sus iniquidades, y nunca más me acordaré de sus pecados».

Al llamar «nuevo» a ese pacto, ha declarado obsoleto al anterior; y lo que se vuelve obsoleto y envejece ya está por desaparecer.

El culto en el tabernáculo terrenal

Ahora bien, el primer pacto tenía sus normas para el culto, y un santuario terrenal. En efecto, se habilitó un tabernáculo de tal modo que, en su primera parte, llamada el Lugar Santo, estaban el candelabro, la mesa y los panes consagrados. Tras la segunda cortina estaba la parte llamada el Lugar Santísimo, el cual tenía el altar de oro para el incienso y el arca del pacto, toda recubierta de oro. Dentro del arca había una urna de oro que contenía el maná, la vara de Aarón que había retoñado, y las tablas del pacto. Encima del arca estaban los querubines de la gloria, que cubrían con su sombra el lugar de la expiación.

Así dispuestas todas estas cosas, los sacerdotes entran continuamente en la primera parte del tabernáculo para celebrar el culto. Pero en la segunda parte entra únicamente el sumo sacerdote, y solo una vez al año, provisto siempre de sangre que ofrece por sí mismo y por los pecados de ignorancia cometidos por el pueblo. Con esto el Espíritu Santo da a entender que, mientras siga en pie el primer tabernáculo, aún no se habrá revelado el camino que conduce al Lugar Santísimo. Esto nos ilustra hoy día que las ofrendas y los sacrificios que allí se ofrecen no tienen poder alguno para perfeccionar la conciencia de los que celebran ese culto. No se trata más que de reglas externas relacionadas con alimentos, bebidas y diversas ceremonias de purificación, válidas solo hasta el tiempo señalado para reformarlo todo. Hebreos 8 (NBLA)

La Sangre de Cristo

Cristo, por el contrario, al presentarse como sumo sacerdote de los bienes definitivos en el tabernáculo más excelente y perfecto, no hecho por manos humanas (es decir, que no es de esta creación), entró una sola vez y para siempre en el Lugar Santísimo. No lo hizo con sangre de machos cabríos y becerros, sino con su propia sangre, logrando así un rescate eterno. La sangre de machos cabríos y de toros, y las cenizas de una novilla rociadas sobre personas impuras, las santifican de modo que quedan limpias por fuera. Si esto es así, ¡cuánto más la sangre de Cristo, quien por medio del Espíritu eterno se ofreció sin mancha a Dios, purificará nuestra conciencia de las obras que conducen a la muerte, a fin de que sirvamos al Dios viviente!

Por eso Cristo es mediador de un nuevo pacto, para que los llamados reciban la herencia eterna prometida, ahora que él ha muerto para liberarlos de los pecados cometidos bajo el primer pacto.

En el caso de un testamento, es necesario constatar la muerte del testador, pues un testamento solo adquiere validez cuando el testador muere, y no entra en vigor mientras vive. De ahí que ni siquiera el primer pacto se haya establecido sin sangre. Después de promulgar todos los mandamientos de la ley a todo el pueblo, Moisés tomó la sangre de los becerros junto con agua, lana escarlata y ramas de hisopo, y roció el libro de la ley y a todo el pueblo, diciendo: *«Esta es la sangre del pacto que Dios ha mandado que ustedes cumplan».* De la misma manera roció con la sangre el tabernáculo y todos los objetos que se usaban en el culto. <u>De hecho, la ley exige que casi todo sea purificado con sangre, pues sin derramamiento de sangre no hay perdón.</u>

Así que era necesario que las copias de las realidades celestiales fueran purificadas con esos sacrificios, pero que las realidades mismas lo fueran con sacrificios superiores a aquellos. En efecto, Cristo no entró en un santuario hecho por manos humanas, simple copia del verdadero santuario, sino en el cielo mismo, para presentarse ahora ante Dios en favor nuestro. Ni entró en el cielo para ofrecerse vez tras vez, como entra el sumo sacerdote en el Lugar Santísimo cada año con sangre ajena. Si así fuera, Cristo habría tenido que sufrir muchas veces desde la creación del mundo. Al contrario, ahora, al final de los tiempos, se ha presentado una sola vez y para siempre a fin de acabar con el pecado mediante el sacrificio de sí mismo. Y así como está establecido que los seres humanos mueran una sola vez, y después venga el juicio, también Cristo fue ofrecido en sacrificio una sola vez para quitar los pecados de muchos; y aparecerá por segunda vez, ya no para cargar con pecado alguno, sino para traer salvación a quienes lo esperan.

El sacrificio de Cristo, ofrecido una vez y para siempre

La ley es solo una sombra de los bienes venideros, y no la presencia misma de estas realidades. Por eso nunca puede, mediante los mismos sacrificios que se ofrecen sin cesar año tras año, hacer perfectos a los que adoran. De otra manera, ¿no habrían dejado ya de hacerse sacrificios? Pues los que rinden culto, purificados de una vez por todas, ya no se habrían sentido culpables de pecado. Pero esos sacrificios son un recordatorio anual de los pecados, ya que es imposible que la sangre de los toros y de los machos cabríos quite los pecados. Por eso, al entrar en el mundo, Cristo dijo: Por lo cual, al entrar Cristo en el mundo, dice: «Sacrificio y ofrenda no has querido, Pero un cuerpo has preparado para Mí; 6 En holocaustos y sacrificios por el pecado no te has complacido. 7 Entonces dije: "Aquí estoy, Yo he venido (En el rollo del libro está escrito de Mí) Para hacer, oh, Dios, Tu voluntad"». 8 Habiendo dicho anteriormente: «Sacrificios y ofrendas y holocaustos, y sacrificios por el pecado no has querido, ni en ellos Tú te has complacido» (los cuales se ofrecen según la ley), 9 entonces dijo: «He aquí, Yo he venido para hacer Tu voluntad». Él quita lo primero para establecer lo segundo. 10 Por esa voluntad hemos sido santificados mediante la ofrenda del cuerpo de Jesucristo ofrecida una vez para siempre. Todo sacerdote celebra el culto día tras día ofreciendo repetidas veces los mismos sacrificios, que nunca pueden quitar los pecados. Pero este sacerdote, después de ofrecer por los pecados un solo sacrificio para siempre, se sentó a la derecha de Dios, en espera de que sus enemigos sean puestos por estrado de sus pies. Porque con un solo sacrificio ha hecho perfectos para siempre a los que está santificando. Hebreos 10:5-10 (NBLA)

También el Espíritu Santo nos da testimonio de ello. Primero dice:

«Este es el pacto que haré con ellos después de aquel tiempo —dice el Señor—: Pondré mis leyes en su corazón, y las escribiré en su mente". Después añade: «Y nunca más me acordaré de sus pecados y maldades». Hebreos 10:16,17 (NBLA)

Y, cuando estos han sido perdonados, ya no hace falta otro sacrificio por el pecado. Así que no pierdan la confianza, porque esta será grandemente recompensada. Ustedes necesitan perseverar para que, después de haber cumplido la voluntad de Dios, reciban lo que él ha prometido. Pues dentro de muy poco tiempo, «el que ha de venir vendrá, y no tardará. *Pero mi justo vivirá por la fe*. Y, si se vuelve atrás, no será de mi agrado». Pero nosotros no somos de los que se vuelven atrás y acaban por perderse, sino de los que tienen fe y preservan su vida.

Dios disciplina a sus hijos.

Por tanto, puesto que tenemos en derredor nuestro tan gran nube de testigos, despojémonos también de todo peso y del pecado que tan fácilmente nos envuelve, y corramos con paciencia la carrera que tenemos por delante, 2 puestos los ojos en Jesús, el autor y consumador de la fe, quien por el gozo puesto delante de Él soportó la cruz, despreciando la vergüenza, y se ha sentado a la diestra del trono de Dios. 3 Consideren, pues, a Aquel que soportó tal hostilidad de los pecadores contra Él mismo, para que no se cansen ni se desanimen en su corazón. 4 Porque todavía, en su lucha contra el pecado, ustedes no han resistido hasta el punto de derramar sangre. 5 Además, han olvidado la exhortación que como a hijos se les dirige: «Hijo Mío, no tengas en poco la disciplina del Señor, Ni te desanimes al ser reprendido por Él. 6 Porque el Señor al que ama, disciplina, Y azota a todo el que recibe por hijo». 7 Es para su corrección que sufren. Dios los trata como a hijos; porque ¿qué hijo hay a quien su padre no discipline? 8 Pero si están sin disciplina, de la cual todos han sido hechos participantes, entonces son hijos ilegítimos y no hijos verdaderos. 9 Además, tuvimos padres terrenales para disciplinarnos, y los respetábamos, ¿con cuánta más razón no estaremos sujetos al Padre de nuestros espíritus, y viviremos? 10 Porque ellos nos disciplinaban por pocos días como les parecía, pero Él nos disciplina para nuestro bien, para que participemos de Su santidad. 11 Al presente ninguna disciplina parece ser causa de gozo, sino de tristeza. Sin embargo, a los que han sido ejercitados por medio de ella, después les da fruto apacible de justicia. 12 Por tanto, fortalezcan las manos débiles y las rodillas que flaquean, 13 y hagan sendas derechas para sus pies, para que la pierna coja no se descoyunte, sino que se sane. Por el contrario, ustedes se han acercado al monte Sión, a la Jerusalén celestial, la ciudad del Dios viviente. Se han acercado a millares y millares de ángeles, a una asamblea gozosa, a la iglesia de los primogénitos inscritos en el cielo. Se han acercado a Dios, el juez de todos; a los espíritus de los justos que han llegado a la perfección; a Jesús, el mediador de un nuevo pacto; y a la sangre rociada, que habla con más fuerza que la de Abel.

Tengan cuidado de no rechazar a Aquel que habla. Porque si aquellos no escaparon cuando rechazaron al que les amonestó sobre la tierra, mucho menos escaparemos nosotros si nos apartamos de Aquel que nos amonesta desde el cielo. 26 Su voz hizo temblar entonces la tierra, pero ahora Él ha prometido, diciendo: «Aún una vez más, Yo haré temblar no solo la tierra, sino también el cielo». 27 Y esta expresión: Aún, una vez más, indica la remoción de las cosas movibles, como las cosas creadas, a fin de que permanezcan las cosas que son inconmovibles. 28 Por lo cual, puesto que recibimos un reino que es inconmovible, demostremos gratitud, mediante la cual ofrezcamos a Dios un servicio aceptable con temor y reverencia; 29 porque nuestro Dios es fuego consumidor. Hebreos 12... (NBLA)

Hasta aquí llegamos al cumplimiento de las promesas que Dios le dio a Abraham, cumpliendo con la ley y pagando Jesús por nuestros pecados. Es evidente que la vida de Jesús como hombre fue de humillación y sacrificio y que ultimadamente padeció la ejecución en la cruz. No podemos pasar de alto que durante sus 33 años de vida vivió humildemente, como lo hacían las mayorías de las familias bajo el régimen del imperio romano. No solamente bajo la dominación de esos opresores, sino que también el duro rigor de la ley y sus ordenanzas.

La ley era rigurosa en el sentido de que siempre tenías la duda de si estabas haciendo bien las cosas o estabas infringiéndola. Era una vida de constante miedo, sabiendo que podrías perder la vida por un descuido de las ordenanzas sagradas como el observar el día Sabbath que paralizaba a todo el pueblo. Si alguien era encontrado trabajando o si inclusive caminaba más lejos de lo designado, en el Sabbath, caías en pecado mortal y le llevaban a la plaza mayor donde le matarían a pedradas.

Durante el día de la expiación y la reconciliación (el día más sagrado del año), el pueblo judío celebraba con regocijo ya que ese sería el día del perdón por los pecados de esa nación; después de ese día era borrón y cuenta nueva. Este perdón se logra mediante la oración y el ayuno completo, incluida la abstinencia de todos los alimentos y bebidas (incluida el agua), por parte de todos los adultos sanos. Aparte se prohibía el baño, el uso de perfume o colonia, el uso de zapatos de cuero y las relaciones sexuales son algunas de las otras prohibiciones del Yom Kipur, o el día de la expiación, todas ellas están diseñadas para garantizar que la atención esté completa y absolutamente enfocada en la búsqueda de la expiación con Dios.

Durante la ceremonia, el suplicante ora para ser liberado de todos los votos personales hechos a Dios durante el año, para que cualquier promesa incumplida hecha a Dios sea anulada y, por lo tanto, perdonada. Sólo los votos entre el suplicante y Dios son relevantes. Los votos realizados entre el suplicante y otras personas siguen siendo perfectamente válidos, ya que no se ven afectados por la oración. Ne'ilah se ocupa del cierre de las vacaciones, y contiene una ferviente súplica final a Dios para que le perdone justo antes de la conclusión del ayuno. Yom Kipur llega a su fin con el soplado del shofar, que marca la conclusión del ayuno. Siempre se observa como unas vacaciones de un día, tanto dentro como fuera de los límites de la Tierra de Israel

Cuando Jesús estuvo en Jerusalén se estima que más de 12 millones de animales eran sacrificados en ese día y la sangre cubría esa área del templo con más de un metro de altura. ¿Se imaginan los sacerdotes que trabajaban en el templo como podrían caminar con tanta sangre? Muchos pensaran "que Dios tan raro que demandaba tal sacrificio" pero yo diría… que pueblo tan desobediente que no hacia el bien y solo se dedicaban a pecar. Si este pueblo hubiera caminado en los mandamientos y normas judías, ellos no tendrían que hacer tanto sacrificio. De todas maneras, con esta nota, solo que nos sirva para poder apreciar la siguiente dispensación, la cual es la principal, ya que en ella estamos restringidos y veremos que lo pasado fue duro y presionante, como viviendo en una olla de presión; en cambio la dispensación de la Gracia es nueva y nos libra de todos los mandamientos y reglas y nos da la seguridad y certeza de que estamos bien con Dios.

6. <u>Dispensación de Gracia</u>

En los primeros días después de la resurrección, ascenso de Cristo y descenso del Espíritu Santo; los Apóstoles y discípulos empezaron a sufrir la persecución de los judíos que se negaban a aceptar que Jesucristo era el Mesías. Entre ellos, había un jefe judío, Saulo de Tarzos en especial, que causo persecución y muerte a muchos de los creyentes judíos que seguían a los apóstoles. Ellos fueron perseguidos por todas las regiones donde los judíos se habían esparcido. Los arrestaban y los traían a Jerusalén para ser ejecutados.

Los creyentes, morirían a pedradas por no querer abandonar sus creencias. Entre los fieles discípulos de Cristo se menciona a un converso llamado Esteban:

Esteban, lleno de gracia y de poder, hacía grandes prodigios y señales entre el pueblo. 9 Pero algunos de la sinagoga llamada de los Libertos, incluyendo tanto cireneos como alejandrinos, y algunos de Cilicia y de Asia, se levantaron y discutían con Esteban. 10 Pero no podían resistir a la sabiduría y al Espíritu con que hablaba. 11 Entonces, en secreto persuadieron a algunos hombres para que dijeran: «Le hemos oído hablar palabras blasfemas contra Moisés y contra Dios». 12 Y alborotaron al pueblo, a los ancianos y a los escribas, y cayendo sobre él, lo arrestaron y lo trajeron al Concilio. 13 Presentaron testigos falsos que dijeron: «Este hombre continuamente habla en contra de este lugar santo y de la ley; 14 porque le hemos oído decir que este Nazareno, Jesús, destruirá este lugar, y cambiará las tradiciones que Moisés nos dejó». 15 Y al fijar la mirada en él, todos los que estaban sentados en el Concilio vieron su rostro como el rostro de un ángel. Hechos 6; 8-15 (NBLA)

En el capítulo 7 de Hechos; Esteban declara frente al sumo sacerdote el relato completo de la historia desde el llamado a Abraham y su convenio, su descendencia con Isaac y luego con Jacob y sus 12 hijos; el trasladó del pueblo judío hacia Egipto luego el éxodo y el peregrinaje por 40 años en el desierto hasta establecerse en la tierra prometida. Esteban los acuso de los asesinatos hacia los profetas, que anunciaban las palabras de Dios; luego al terminar su discurso se calló y en silencio espero la reacción del sumo sacerdote.

Al oír esto, se sintieron profundamente ofendidos, y crujían los dientes contra él. 55 Pero Esteban, lleno del Espíritu Santo, fijos los ojos en el cielo, vio la gloria de Dios y a Jesús de pie a la diestra de Dios; 56 y dijo: «Veo los cielos abiertos, y al Hijo del Hombre de pie a la diestra de Dios». 57 Entonces ellos gritaron a gran voz, y tapándose los oídos se lanzaron a una contra él. 58 Echándolo fuera de la ciudad, comenzaron a apedrearlo; y los testigos pusieron sus mantos a los pies de un joven llamado Saulo. 59 Y mientras lo apedreaban, Esteban invocaba al Señor y decía: «Señor Jesús, recibe mi espíritu». 60 Cayendo de rodillas, clamó en alta voz: «Señor, no les tomes en cuenta este pecado». Habiendo dicho esto, durmió. Unos hombres piadosos sepultaron a Esteban e hicieron gran duelo por él. Saulo, por su parte, causaba estragos en la iglesia: entrando de casa en casa, arrastraba a hombres y mujeres y los metía en la cárcel. Hechos 7: 54-60 (NBLA)

Este personaje de nombre Saulo de Tarzos, era un fariseo que se hizo muy adinerado al recibir recompensas por las capturas de los fieles seguidores de Cristo. Él era un fariseo selecto y de gran prestigio y admirado por los principales judíos de esa nación. La cúspide de la ira de Dios contra ese pueblo llego a su límite cuando mataron a Esteban. Durante los siguientes días los creyentes tuvieron que escaparse de Jerusalén ya que tenían miedo de ser asesinados y se esparcieron por toda Judea y Samaria. Llenos del Espíritu Santo hacían milagros, sanaciones, exorcismos e iba creciendo el número de conversos.

Conversión de Saulo

Saulo, respirando todavía amenazas y muerte contra los discípulos del Señor, fue al sumo sacerdote, 2 y le pidió cartas para las sinagogas de Damasco, para que si encontraba algunos que pertenecieran al Camino, tanto hombres como mujeres, los pudiera llevar atados a Jerusalén. 3 Y mientras viajaba, al acercarse a Damasco, de repente resplandeció a su alrededor una luz del cielo. 4 Al caer a tierra, oyó una voz que le decía: «Saulo, Saulo, ¿por qué me persigues?».5 «¿Quién eres, Señor?», preguntó Saulo. El Señor respondió: «Yo soy Jesús a quien tú persigues; 6 levántate, entra en la ciudad, y se te dirá lo que debes hacer». 7 Los hombres que iban con él se detuvieron atónitos, oyendo la voz, pero sin ver a nadie. 8 Saulo se levantó del suelo, y aunque sus ojos estaban abiertos, no veía nada; y llevándolo por la mano, lo trajeron a Damasco.

9 Estuvo tres días sin ver, y no comió ni bebió. Saulo pasó varios días con los discípulos que estaban en Damasco, y Enseguida se puso a predicar de Jesús en las sinagogas, diciendo: «Él es el Hijo de Dios». 21 Y todos los que lo escuchaban estaban asombrados y decían: «¿No es este el que en Jerusalén destruía a los que invocaban este nombre, y el que había venido aquí con este propósito: para llevarlos atados ante los principales sacerdotes?». 22 Pero Saulo seguía fortaleciéndose y confundiendo a los judíos que habitaban en Damasco, demostrando que este Jesús es el Cristo. Hechos 9 … (NBLA)

Luego de su conversión, Saulo adopto el nombre de Pablo, y fue enviado a Arabia donde paso 3 años siendo indoctrinado por el Espíritu Santo, luego de ese término de tiempo regreso hacia Damascos y continúo predicando. Cabe mencionar que todas las predicas eran inspiradas por el Espíritu Santo ya que no había texto del nuevo testamento hasta por los años '57 D.C. y los fieles discípulos seguían las enseñanzas verbales de Pablo y Bernabé, que inicialmente solo predicaban a los judíos.

Entonces Pablo y Bernabé hablaron con valor y dijeron: «Era necesario que la palabra de Dios les fuera predicada primeramente a ustedes; pero ya que la rechazan y no se juzgan dignos de la vida eterna, así que ahora nos volvemos a los gentiles. 47 porque así nos lo ha mandado el Señor: "Te he puesto como luz para los gentiles, A fin de que lleves la salvación hasta los confines de la tierra"» Hechos 13:46 (NBLA)

Aquí es donde empieza la nueva **dispensación de gracia** dirigida a los gentiles al igual que a los judíos. La dispensación de gracia se basa en que la dispensación de la ley ya fue cumplida con el sacrificio de Jesús, muerte y resurrección y con el descenso del Espíritu Santo el día de Pentecostés.

Oyendo esto los gentiles, se regocijaban y glorificaban la palabra del Señor; y creyeron cuantos estaban ordenados a vida eterna. 49 Y la palabra del Señor se difundía por toda la región. Hechos 13:48,49 (NBLA)

Pablo, apóstol de Cristo Jesús por la voluntad de Dios: A los santos que están en Éfeso y que son fieles en Cristo Jesús: 2 Gracia y paz a ustedes de parte de Dios nuestro Padre y del Señor Jesucristo. Bendito sea el Dios y Padre de nuestro Señor Jesucristo, que nos ha bendecido con toda bendición espiritual en los lugares celestiales en Cristo. 4 Porque Dios nos escogió en Cristo antes de la fundación del mundo, para que fuéramos santos y sin mancha delante de Él. En amor 5 nos predestinó para adopción como hijos para sí mediante Jesucristo, conforme a la buena intención de Su voluntad, 6 para alabanza de la gloria de Su gracia que gratuitamente ha impartido sobre nosotros en el Amado. 7 En Él tenemos redención mediante Su sangre, el perdón de nuestros pecados según las riquezas de Su gracia 8 que ha hecho abundar para con nosotros. En toda sabiduría y discernimiento 9 nos dio a conocer el misterio de Su voluntad, según la buena intención que se propuso en Cristo, 10 con miras a una buena administración en el cumplimiento de los tiempos, es decir, de reunir todas las cosas en Cristo, tanto las que están en los cielos, como las que están en la tierra. 11 También en Él hemos obtenido herencia, habiendo sido predestinados según el propósito de Aquel que obra todas las cosas conforme al consejo de Su voluntad, 12 a fin de que nosotros, que fuimos los primeros en esperar en Cristo, seamos para alabanza de Su gloria. 13 En Él también ustedes, después de escuchar el mensaje de la verdad, el evangelio de su salvación, y habiendo creído, fueron sellados en Él con el Espíritu Santo de la promesa, 14 que nos es dado como garantía de nuestra herencia, con miras a la redención de la posesión adquirida de Dios, para alabanza de Su gloria. Efesios 1; 1-13

Ahora les hago saber, hermanos, el evangelio que les prediqué, el cual también ustedes recibieron, en el cual también están firmes, 2 por el cual también son salvos, si retienen la palabra que les prediqué, a no ser que hayan creído en vano. 3 Porque yo les entregué en primer lugar lo mismo que recibí: que Cristo murió por nuestros pecados, conforme a las Escrituras; 4 que fue sepultado y que resucitó al tercer día, conforme a las Escrituras; 1 corintios 15; 1-4

El ministerio de la reconciliación

Por tanto, conociendo el temor del Señor, persuadimos a los hombres, pero a Dios somos manifiestos, y espero que también seamos manifiestos en las conciencias de ustedes. 12 No nos recomendamos otra vez a ustedes, sino que les damos oportunidad de estar orgullosos de nosotros, para que tengan respuesta para los que se jactan en las apariencias y no en el corazón. 13 Porque si estamos locos, es para Dios; y si estamos cuerdos, es para ustedes. 14 Pues el amor de Cristo nos apremia, habiendo llegado a esta conclusión: que Uno murió por todos, y por consiguiente, todos murieron. 15 Y por todos murió, para que los que viven, ya no vivan para sí, sino para Aquel que murió y resucitó por ellos. 16 De manera que nosotros de ahora en adelante ya no conocemos a nadie según la carne. Aunque hemos conocido a Cristo según la carne, sin embargo, ahora ya no lo conocemos así. 17 De modo que si alguno está en Cristo, nueva criatura es; las cosas viejas pasaron, ahora han sido hechas nuevas. 2 Corintios 5: 11-17 (NBLA)

¡Lo viejo ha pasado, ha llegado ya lo nuevo! Todo esto proviene de Dios, quien por medio de Cristo nos reconcilió consigo mismo y nos dio el ministerio de la reconciliación: esto es, que, en Cristo, Dios estaba reconciliando al mundo consigo mismo, no tomándole en cuenta sus pecados y encargándonos a nosotros el mensaje de la reconciliación. Así que somos embajadores de Cristo, como si Dios los exhortara a ustedes por medio de nosotros: «En nombre de Cristo les rogamos que se reconcilien con Dios». Al que no cometió pecado alguno, por nosotros Dios lo trató como pecador, para que en él recibiéramos la justicia de Dios.

Aquí vale mencionar que Pablo, inspirado por el Espíritu escribe que el ministerio de Jesús al que él era testigo, ya no nos sirve sino solamente, como instrucción mas no como doctrina. Jesús vivió bajo las normas judaicas y resolvió la reconciliación mediante su muerte. Jesús fue la promesa como Mesías exclusivamente al pueblo judío.

El nuevo evangelio es revelado a Pablo para los dogmas cristianos, y en los escritos de Pablo que son desde Romanos hasta Filemón; paginamos las revelaciones para nuestro nuevo nacimiento espiritual, obteniendo así la vida eterna en comunión con Dios, reconciliados por el planeamiento, elaboración y sacrificio de Jesucristo donde nos salvamos por medio de la fe.

Muchos piensan que tienen fe, y por seguro, todos tenemos fe en algo. Pero la fe la cual nos salva es la fe en el sacrificio de Sangre de Jesucristo y no una fe en una religión que no acata los dogmas sudo-cristianas. Los dogmas escritos son los únicos en las que el cristianismo se basa con la certeza de estar salvo. No podemos tomar otros libros como dogmáticos y que nos lleven a un evangelio adulterado. Estaríamos dejando nuestra salvación a un lado y tomando algo que nunca nos va a salvar.

Si Uds. leen los libros desde Romanos a Filemón podrán descubrir lo que de Dios viene y de lo que Dios quiere para con nosotros. Al mismo tiempo se enterarán de la farsa que viene existiendo en el mundo desde el primer día de establecerse la dispensación de la gracia. Estas farsas combinan los escritos de las diferentes dispensaciones; como, por ejemplo: tomar la ley y las promesas del pueblo judío como si nos perteneciera a la iglesia, al Cuerpo de Cristo. Esta mezcla producirá una "religión" basada en rituales, ordenanzas, tradiciones que no nos pertenecen, esta mezcla produce esclavitud y acentúa al creyente de esa "religión" en una persona que no está en relación con Dios y por ende está condenado.

Lo único que nos salva es creer en el sacrificio de Jesucristo, su muerte y resurrección. Este es un regalo de Dios en que por medio de la fe (creer únicamente, todo lo que Dios nos dice por intermedio de su Palabra), estamos salvos; … fe más, nada más. No hay más que hacer, no hay ritos que hacer; no hay leyes que obedecer; no hay bautismos que obtener, no hay misericordias que crear; no hay tributos que dar; no hay confirmaciones que redimir; no hay nada más que FE.

Si recordamos al pueblo judío; cuando el Ángel del Señor les dijo que se dirigieran a la tierra prometida. Ellos estando en el monte Sinaí; deberían de hacer una caminata que duraría 11 días; a la distancia, ya llegando, ellos mandaron espías para ver si habría peligro; los enviados regresaron con el informe de que existían gigante en esa región y que los aniquilarían como grillos; así que no creyendo a Dios decidieron darse la vuelta alrededor de Jordán para entrar por la parte norte de esa región. Este paseíto les tomo 40 años, donde murió esa generación de incrédulos sufriendo en el desierto. Si Dios nos dice algo, eso hay que creerlo y no dejarnos llevar por lo que nuestros sentidos nos alertan.

7. DISPENSACION DE LA TRIBULACION Y EL MILENIO:

Rapto

1 Corintios 15:51-53 / 1 Tesa 4:15-18 / 2 Tesa 2:1-7

144,000 Judios sellados Apoc. 7: 1-14

2 Testigos en Jerusalem Apoc. 11: 3

1er. Sello Apoc. 6:1 /2 Tesa. 2:8,9 Daniel 9: 27a

Anti-cristo firma tratado de 7 años Daniel 9: 27

2do. Sello: Rusia invade a Israel

3er. Sello: Hambruna   Ezequiel 38 y 39

4to Sello: . ¼ de la poblacion perecen.

5to Sello: Martires en el Cielo

6to Sello: Meteoros sobre la tierra.

7mo Sello: y 1ra. Trompeta Apoc. 8:1

-Gerra en el cielo- Satanas es arrojado a la tierra Apoc. 12: 7-12
-2 Testigos mueren y resucitan Apoc. 11:3 y 11

2da. Trompeta Apoc. 8:8

3ra. Trompeta Apoc. 8:10

4ta. Trompeta Apoc. 8:12

5ta. Trompeta Apoc. 9: 1-12

6ta. Trompeta Apoc. 9: 13-21

7ma. Trompeta Apoc. 11: 15-19

1er. Vasija Apoc. 15: 1-9 y 16: 1,2

2do. Vasija Juicio Apoc. 16: 3

3ra. Vasija Apoc. 16: 4-7

4ta. Vasija Apoc. 16: 8-9

5ta. Vasija Apoc. 16: 10-11

6ta. Vasija Apoc. 16: 12

7ma. Vasija Apoc. 16: 17 - Armagedon

Apoc. 14: 14-20

Isaias 24: 1=7

Isaias 63: 3,4

Segunda Venida de Cristo

75 dias de Daniel 12

Mateo 25: 31

Milenio Reino de Cristo

3½ años   **3½ años**

Punto medio de la Tribulacion: Anti-cristo difana el Templo Judio y rompe relaciones con los Judios Daniel 9: 27 y 28.

Remanente de los Judios se escapa a las Montañas de Petra Mateo 24: 15 - 21 Apoc. 12: 6 y 13-16

Zac. 14: 1-4 Mateo 24: 27-31

Desde Petra el remanente Judio responde a la segunda venida de Cristo y todos se salvan. Juan 21: 6 -11 Romanos 11: 26,27

CAPITULO SEIS

LA DOCTRINA DE SALVACIÓN

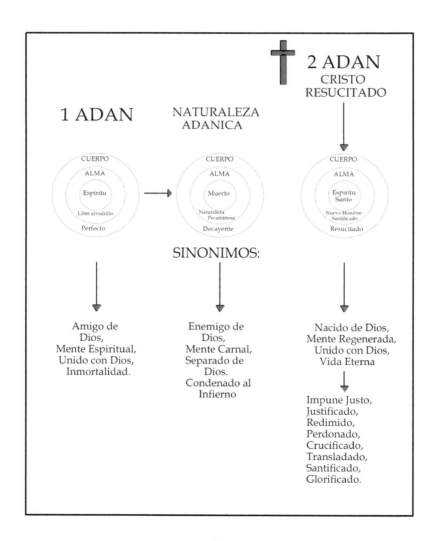

Pero ahora, aparte de la ley, la justicia de Dios ha sido manifestada, confirmada por la ley y los profetas. 22 Esta justicia de Dios por medio de la fe en Jesucristo es para todos los que creen. Porque no hay distinción, 23 por cuanto todos pecaron y no alcanzan la gloria de Dios.

24 Todos son justificados gratuitamente por Su gracia por medio de la redención que es en Cristo Jesús, 25 a quien Dios exhibió públicamente como propiciación por Su sangre a través de la fe, como demostración de Su justicia, porque en Su tolerancia, Dios pasó por alto los pecados cometidos anteriormente, 26 para demostrar en este tiempo Su justicia, a fin de que Él sea justo y sea el que justifica al que tiene fe en Jesús Romanos 3; 21-26

Y sin fe es imposible agradar a Dios. Porque es necesario que el que se acerca a Dios crea que Él existe, y que recompensa a los que lo buscan. Hebreos 11:6

¿Recuerdan lo que mencione anteriormente? – ¡FE es aceptar a Dios en Su Palabra!, Creerle desde el principio a fin; Me explico: Todas las normas y leyes que están escritas en el libro de Levíticos fueron escritas únicamente bajo las leyes judaicas mas no para la iglesia cristiana. Tienes que darte cuenta de que la Biblia es para nosotros, pero no es todo doctrinas para nosotros, y eso hace toda la diferencia en el mundo. El secreto de poder separar las Escrituras es ver lo que se escribió al Cuerpo de Cristo, a la Iglesia, a nosotros hoy, y que toda esta proviene del Apóstol a los gentiles, el Apóstol Pablo. Pero una gran mayoría de la Biblia fue escrita a la Nación de Israel, a los judíos e incluso a los creyentes judíos en los Cuatro Evangelios. Así que debemos tener cuidado en cómo dividir correctamente la Palabra de Dios.

En otras palabras, no hay manera de llegar a tener una relación con Dios a menos que El vea tu fe primero. Preguntémonos: "¿Qué hay de un pecador que busca la salvación?" El primer artículo de fe para una persona perdida que busca la salvación es:

Pero ahora, aparte de la ley, la justicia de Dios ha sido manifestada, confirmada por la ley y los profetas. 22 Esta justicia de Dios por medio de la fe en Jesucristo es para todos los que creen. Porque no hay distinción, 23 por cuanto todos pecaron y no alcanzan la gloria de Dios.

24 Todos son justificados gratuitamente por Su gracia por medio de la redención que es en Cristo Jesús, 25 a quien Dios exhibió públicamente como propiciación por Su sangre a través de la fe, como demostración de Su justicia, porque en Su tolerancia, Dios pasó por alto los pecados cometidos anteriormente, 26 para demostrar en este tiempo Su justicia, a fin de que Él sea justo y sea el que justifica al que tiene fe en Jesús. Romanos 3: 21-26.

Así que, por mi parte, ansioso estoy de anunciar el evangelio también a ustedes que están en Roma. 16 Porque no me avergüenzo del evangelio, pues es el poder de Dios para la salvación de todo el que cree, del judío primeramente y también del griego. 17 Porque en el evangelio la justicia de Dios se revela por fe y para fe, como está escrito: Mas el justo por la fe vivirá. Romanos 1:15-17

Bendito sea el Dios y Padre de nuestro Señor Jesucristo, que nos ha bendecido con toda bendición espiritual en los lugares celestiales en Cristo. 4 Porque Dios nos escogió en Cristo antes de la fundación del mundo, para que fuéramos santos y sin mancha delante de Él. En amor 5 nos predestinó para adopción como hijos para sí mediante Jesucristo, conforme a la buena intención de Su voluntad, 6 para alabanza de la gloria de Su gracia que gratuitamente ha impartido sobre nosotros en el Amado. 7 En Él tenemos redención mediante Su sangre, el perdón de nuestros pecados según las riquezas de Su gracia 8 que ha hecho abundar para con nosotros. En toda sabiduría y discernimiento 9 nos dio a conocer el misterio de Su voluntad, según la buena intención que se propuso en Cristo, 10 con miras a una buena administración en el cumplimiento de los tiempos, es decir, de reunir todas las cosas en Cristo, tanto las que están en los cielos, como las que están en la tierra. 11 también en Él hemos obtenido herencia, habiendo sido predestinados según el propósito de Aquel que obra todas las cosas conforme al consejo de Su voluntad, 12 a fin de que nosotros, que fuimos los primeros en esperar en Cristo, seamos para alabanza de Su gloria. 13 En Él también ustedes, después de escuchar el mensaje de la verdad, el evangelio de su salvación, y habiendo creído, fueron sellados en Él con el Espíritu Santo de la promesa, 14 que nos es dado como garantía de nuestra herencia, con miras a la redención de la posesión adquirida de Dios, para alabanza de Su gloria. Efesios 1; 4-14

Bendito sea el Dios y Padre de nuestro Señor Jesucristo, quien, según Su gran misericordia, nos ha hecho nacer de nuevo a una esperanza viva, mediante la resurrección de Jesucristo de entre los muertos, 4 para obtener una herencia incorruptible, inmaculada, y que no se marchitará, reservada en los cielos para ustedes. 5 Mediante la fe ustedes son protegidos por el poder de Dios, para la salvación que está preparada para ser revelada en el último tiempo. 6 En lo cual ustedes se regocijan grandemente, aunque ahora, por un poco de tiempo si es necesario, sean afligidos con diversas pruebas, 7 para que la prueba de la fe de ustedes, más preciosa que el oro que perece, aunque probado por fuego, sea hallada que resulta en alabanza, gloria y honor en la revelación de Jesucristo; 8 a quien sin haber visto, ustedes lo aman, y a quien ahora no ven, pero creen en Él, y se regocijan grandemente con gozo inefable y lleno de gloria, 9 obteniendo, como resultado de su fe, la salvación de sus almas 1 Pedro 1:3-9

Porque el corazón de este pueblo se ha vuelto insensible; se les han embotado los oídos, y se les han cerrado los ojos. De lo contrario, verían con los ojos, oirían con los oídos, entenderían con el corazón y se convertirían, y yo los sanaría". «Por tanto, quiero que sepan que esta salvación de Dios se ha enviado a los gentiles, y ellos sí escucharán». Hechos 28:27-28

Además de todo esto, tomen el escudo de la fe, con el cual pueden apagar todas las flechas encendidas del maligno. Tomen el casco de la salvación y la espada del Espíritu, que es la palabra de Dios. Oren en el Espíritu en todo momento, con peticiones y ruegos. Manténganse alerta y perseveren en oración por todos los santos. Efesios 6:16-18 5 porque todos ustedes son hijos de la luz e hijos del día. No somos de la noche ni de las tinieblas. 6 Por tanto, no durmamos como los demás, sino estemos alerta y seamos sobrios. 7 Porque los que duermen, de noche duermen, y los que se emborrachan, de noche se emborrachan. 8 Pero puesto que nosotros somos del día, seamos sobrios, habiéndonos puesto la coraza de la fe y del amor, y por casco la esperanza de la salvación. 9 Porque no nos ha destinado Dios para ira, sino para obtener salvación por medio de nuestro Señor Jesucristo, 10 que murió por nosotros, para que ya sea que estemos despiertos o dormidos, vivamos junto con Él. 1 Tesalonicenses 5:5-10

Pero tú permanece firme en lo que has aprendido y de lo cual estás convencido, pues sabes de quiénes lo aprendiste. Desde tu niñez conoces las Sagradas Escrituras, que pueden darte la sabiduría necesaria para la salvación mediante la fe en Cristo Jesús. <u>Toda la Escritura es inspirada por Dios y útil para enseñar, para reprender, para corregir y para instruir en la justicia,</u>

2 Timoteo 3:14-16

11 Porque la gracia de Dios se ha manifestado, trayendo salvación a todos los hombres, 12 enseñándonos, que negando la impiedad y los deseos mundanos, vivamos en este mundo sobria, justa y piadosamente, 13 aguardando la esperanza bienaventurada y la manifestación de la gloria de nuestro gran Dios y Salvador Cristo Jesús. Tito 2:11-13

¿A cuál de los ángeles dijo Dios jamás:

«¿Siéntate a mi derecha, hasta que ponga a tus enemigos por estrado de tus pies»? ¿No son todos los ángeles espíritus dedicados al servicio divino, enviados para ayudar a los que han de heredar la salvación? Hebreos 1:13-14

Por tanto, debemos prestar mucha mayor atención a lo que hemos oído, no sea que nos desviemos. 2 Porque si la palabra hablada por medio de ángeles resultó ser inmutable, y toda transgresión y desobediencia recibió una justa retribución, 3 ¿cómo escaparemos nosotros si descuidamos una salvación tan grande? La cual, después que fue anunciada primeramente por medio del Señor, nos fue confirmada por los que la oyeron. 4 Dios testificó junto con ellos, tanto por señales como por prodigios, y por diversos milagros y por dones repartidos del Espíritu Santo según Su propia voluntad. Hebreos 2:1-4

Pero vemos a Aquel que fue hecho un poco inferior a los ángeles, es decir, a Jesús, coronado de gloria y honor a causa del padecimiento de la muerte, para que por la gracia de Dios probara la muerte por todos. 10 Porque convenía que Aquel para quien son todas las cosas y por quien son todas las cosas, llevando muchos hijos a la gloria, hiciera perfecto por medio de los padecimientos al autor de la salvación de ellos. 11 Porque tanto el que santifica como los que son santificados, son todos de un Padre; por lo cual Él no se avergüenza de llamarlos hermanos. Hebreos 2:9-11

Aunque era Hijo, aprendió obediencia por lo que padeció; 9 y habiendo sido hecho perfecto, vino a ser fuente de eterna salvación para todos los que le obedecen, 10 siendo constituido por Dios como sumo sacerdote según el orden de Melquisedec. Hebreos 5:8-10

Porque la tierra que bebe la lluvia que con frecuencia cae sobre ella y produce vegetación útil a aquellos por los cuales es cultivada, recibe bendición de Dios. 8 Pero si produce espinos y cardos no vale nada, está próxima a ser maldecida, y termina por ser quemada. Pero en cuanto a ustedes, amados, aunque hablemos de esta manera, estamos persuadidos de las cosas que son mejores y que pertenecen a la salvación. 10 Porque Dios no es injusto como para olvidarse de la obra de ustedes y del amor que han mostrado hacia Su nombre, habiendo servido, y sirviendo aún, a los santos. Hebreos 6:7-10

Y así como está decretado que los hombres mueran una sola vez, y después de esto, el juicio, 28 así también

Cristo, habiendo sido ofrecido una vez para llevar los pecados de muchos, aparecerá por segunda vez, sin relación con el pecado, para salvación de los que ansiosamente lo esperan. Hebreos 9:27-28

Por tanto, desechando toda malicia, y todo engaño, e hipocresías, y envidias y toda difamación, 2 deseen como niños recién nacidos, la leche pura de la palabra, para que por ella crezcan para salvación, 3 si es que han probado la bondad del Señor. 4 Y viniendo a Él, como a una piedra viva, desechada por los hombres, pero escogida y preciosa delante de Dios, 5 también ustedes, como piedras vivas, sean edificados como casa espiritual para un sacerdocio santo, para ofrecer sacrificios espirituales aceptables a Dios por medio de Jesucristo. 1 Pedro 2:1-3

Amados, les ruego como a extranjeros y peregrinos, que se abstengan de las pasiones carnales que combaten contra el alma. 12 Mantengan entre los gentiles una conducta irreprochable, a fin de que en aquello que les calumnian como malhechores, ellos, por razón de las buenas obras de ustedes, al considerarlas, glorifiquen a Dios en el día de la visitación. 13 Sométanse, por causa del Señor, a toda institución humana, ya sea al rey como autoridad, 14 o a los gobernadores como enviados por él para castigo de los malhechores y alabanza de los que hacen el bien. 15 Porque esta es la voluntad de Dios: que haciendo bien, ustedes hagan enmudecer la ignorancia de los hombres insensatos.1 Pedro 2:11-15

Porque también Cristo murió por los pecados una sola vez, el justo por los injustos, para llevarnos a Dios, muerto en la carne, pero vivificado en el espíritu. 19 En el espíritu también fue y predicó a los espíritus encarcelados, 20 quienes en otro tiempo fueron desobedientes cuando la paciencia de Dios esperaba en los días de Noé durante la construcción del arca, en la cual unos pocos, es decir, ocho personas, fueron salvadas por medio del agua. 21 Y correspondiendo a esto, el bautismo ahora los salva a ustedes, no quitando la suciedad de la carne, sino como una petición a Dios de una buena conciencia, mediante la resurrección de Jesucristo, 22 quien está a la diestra de Dios, habiendo subido al cielo después de que le habían sido sometidos ángeles, autoridades y potestades. 1 Pedro 3:18-22

Judas, siervo de Jesucristo y hermano de Jacobo, a los que son amados por Dios el Padre, guardados por Jesucristo y llamados a la salvación: Que reciban misericordia, paz y amor en abundancia. Pecado y condenación de los impíos Queridos hermanos, he deseado intensamente escribirles acerca de la salvación que tenemos en común, y ahora siento la necesidad de hacerlo para rogarles que sigan luchando vigorosamente por la fe encomendada una vez por todas a los santos. El problema es que se han infiltrado entre ustedes ciertos individuos que desde hace mucho tiempo han estado señalados para condenación. Son impíos que cambian en libertinaje la gracia de nuestro Dios y niegan a Jesucristo, nuestro único Soberano y Señor. Aunque ustedes ya saben muy bien todo esto, quiero recordarles que el Señor, después de liberar de la tierra de Egipto a su pueblo, destruyó a los que no creían. Y a los ángeles que no mantuvieron su posición de autoridad, sino que abandonaron su propia morada, los tiene perpetuamente encarcelados en oscuridad para el juicio del gran Día. Judas 1-6

Después de esto miré, y vi una gran multitud, que nadie podía contar, de todas las naciones, tribus, pueblos, y lenguas, de pie delante del trono y delante del Cordero, vestidos con vestiduras blancas y con palmas en las manos. 10 Clamaban a gran voz: «La salvación pertenece a nuestro Dios que está sentado en el trono, y al Cordero». 11 Todos los ángeles estaban de pie alrededor del trono y alrededor de los ancianos y de los cuatro seres vivientes. Estos cayeron sobre sus rostros delante del trono y adoraron a Dios, Apocalipsis 7:9-11

Así fue expulsado el gran dragón, aquella serpiente antigua que se llama Diablo y Satanás, y que engaña al mundo entero. Junto con sus ángeles, fue arrojado a la tierra. Luego oí en el cielo un gran clamor: «Han llegado ya la salvación y el poder y el reino de nuestro Dios; ha llegado ya la autoridad de su Cristo. Porque ha sido expulsado el acusador de nuestros hermanos, el que los acusaba día y noche delante de nuestro Dios. Ellos lo han vencido por medio de la sangre del Cordero y por el mensaje del cual dieron testimonio; no valoraron tanto su vida como para evitar la muerte. Apocalipsis 12:9-11

Después de esto oí en el cielo un tremendo bullicio, como el de una inmensa multitud que exclamaba: «¡Aleluya! La salvación, la gloria y el poder son de nuestro Dios, pues sus juicios son verdaderos y justos: ha condenado a la famosa prostituta que con sus adulterios corrompía la tierra; ha vindicado la sangre de los siervos de Dios derramada por ella». Y volvieron a exclamar: «¡Aleluya! El humo de ella sube por los siglos de los siglos». Apocalipsis 19:1-3

Todos son justificados gratuitamente por Su gracia por medio de la redención que es en Cristo Jesús, 25 a quien Dios exhibió públicamente como propiciación por Su sangre a través de la fe, como demostración de Su justicia, porque en Su tolerancia, Dios pasó por alto los pecados cometidos anteriormente, 26 para demostrar en este tiempo Su justicia, a fin de que Él sea justo y sea el que justifica al que tiene fe en Jesús. Romanos 3:24-26

Pues sabemos que la creación entera gime y sufre hasta ahora dolores de parto. 23 Y no solo ella, sino que también nosotros mismos, que tenemos las primicias del Espíritu, aun nosotros mismos gemimos en nuestro interior, aguardando ansiosamente la adopción como hijos, la redención de nuestro cuerpo. 24 Porque en esperanza hemos sido salvados, pero la esperanza que se ve no es esperanza, pues, ¿por qué esperar lo que uno ve? 25 Pero si esperamos lo que no vemos, con paciencia lo aguardamos. Romanos 8:22-25

Sino que Dios ha escogido lo necio del mundo para avergonzar a los sabios; y Dios ha escogido lo débil del mundo para avergonzar a lo que es fuerte. 28 También Dios ha escogido lo vil y despreciado del mundo: lo que no es, para anular lo que es, 29 para que nadie se jacte delante de Dios. 30 Pero por obra Suya están ustedes en Cristo Jesús, el cual se hizo para nosotros sabiduría de Dios, y justificación, santificación y redención, 31 para que, tal como está escrito: «El que se gloría, que se gloríe en el Señor». 1 Corintios 1:27-31

Bendito sea el Dios y Padre de nuestro Señor Jesucristo, que nos ha bendecido con toda bendición espiritual en los lugares celestiales en Cristo. 4 Porque Dios nos escogió en Cristo antes de la fundación del mundo, para que fuéramos santos y sin mancha delante de Él. En amor 5 nos predestinó para adopción como hijos para sí mediante Jesucristo, conforme a la buena intención de Su voluntad, 6 para alabanza de la gloria de Su gracia que gratuitamente ha impartido sobre nosotros en el Amado. 7 En Él tenemos redención mediante Su sangre, el perdón de nuestros pecados según las riquezas de Su gracia 8 que ha hecho abundar para con nosotros. En toda sabiduría y discernimiento 9 nos dio a conocer el misterio de Su voluntad, según la buena intención que se propuso en Cristo. Efesios 1:3-9

En Él también ustedes, después de escuchar el mensaje de la verdad, el evangelio de su salvación, y habiendo creído, fueron sellados en Él con el Espíritu Santo de la promesa, 14 que nos es dado como garantía de nuestra herencia, con miras a la redención de la posesión adquirida de Dios, para alabanza de Su gloria. 15 Por esta razón también yo, habiendo oído de la fe en el Señor Jesús que hay entre ustedes, y de su amor por todos los santos, 16 no ceso de dar gracias por ustedes, mencionándolos en mis oraciones.
Efesios 1:13-15

El que roba, no robe más, sino más bien que trabaje, haciendo con sus manos lo que es bueno, a fin de que tenga qué compartir con el que tiene necesidad. 29 No salga de la boca de ustedes ninguna palabra mala, sino solo la que sea buena para edificación, según la necesidad del momento, para que imparta gracia a los que escuchan.30 Y no entristezcan al Espíritu Santo de Dios, por el cual fueron sellados para el día de la redención. 31 Sea quitada de ustedes toda amargura, enojo, ira, gritos, insultos, así como toda malicia. 32 Sean más bien amables unos con otros, misericordiosos, perdonándose unos a otros, así como también Dios los perdonó en Cristo. Efesios 4:28-32

Porque Él nos libró del dominio de las tinieblas y nos trasladó al reino de Su Hijo amado, 14 en quien tenemos redención: el perdón de los pecados. 15 Él es la imagen del Dios invisible, el primogénito de toda creación.Colosenses 1:13-15

CAPITULO SIETE

LA SUPREMACÍA DE CRISTO

Él es la imagen del Dios invisible, el primogénito de toda creación,

Porque la paga del pecado es muerte, pero la dádiva de Dios es vida eterna en Cristo Jesús Señor nuestro. ROMANOS 6:23

Porque no me avergüenzo del evangelio, pues es el poder de Dios para la salvación de todo el que cree; del judío primeramente y también del griego. Porque en el evangelio la justicia de Dios se revela por fe y para fe; como está escrito: MAS EL JUSTO POR LA FE VIVIRÁ. ROMANOS 1:16-19

Ahora os hago saber, hermanos, el evangelio que os prediqué, el cual también recibisteis, en el cual también estáis firmes, por el cual también sois salvos, si retenéis la palabra que os prediqué, a no ser que hayáis creído en vano. Porque yo os entregué en primer lugar lo mismo que recibí: que Cristo murió por nuestros pecados, conforme a las Escrituras; que fue sepultado y que resucitó al tercer día, conforme a las Escrituras. I CORINTIOS 15: 1-4

Pero Dios demuestra su amor para con nosotros, en que, siendo aún pecadores, Cristo murió por nosotros. Entonces mucho más, habiendo sido ahora justificados por su sangre, seremos salvos de la ira de Dios por medio de Él. Porque si cuando éramos enemigos fuimos reconciliados con Dios por la muerte de su Hijo, mucho más, habiendo sido reconciliados, seremos salvos por su vida. Y no solo esto, sino que también nos gloriamos en Dios por medio de nuestro Señor Jesucristo, por quien ahora hemos recibido la reconciliación. ROMANOS 5: 8-11

Porque ¿qué dice la Escritura? Y CREYÓ ABRAHAM A DIOS, Y LE FUE CONTADO POR JUSTICIA. Ahora bien, al que trabaja, el salario no se le cuenta como favor, sino como deuda; más al que no trabaja, pero cree en aquel que justifica al impío, su fe se le cuenta por justicia. ROMANOS 4: 3-5

En Él también vosotros, después de escuchar el mensaje de la verdad, el evangelio de vuestra salvación, y habiendo creído, fuisteis sellados en Él con el Espíritu Santo de la promesa, que nos es dado como garantía de nuestra herencia, con miras a la redención de la posesión adquirida de Dios, para alabanza de su gloria. Efesios 1: 13-14

Pero no queremos, hermanos, que ignoréis acerca de los que duermen, para que no os entristezcáis como lo hacen los demás que no tienen esperanza. Porque si creemos que Jesús murió y resucitó, así también Dios traerá con Él a los que durmieron en Jesús. Por lo cual os decimos esto por la palabra del Señor: que nosotros los que estemos vivos y que permanezcamos hasta la venida del Señor, no precederemos a los que durmieron. Pues el Señor mismo descenderá del cielo con voz de mando, con voz de arcángel y con la trompeta de Dios, y los muertos en Cristo se levantarán primero. Entonces nosotros, los que estemos vivos y que permanezcamos, seremos arrebatados juntamente con ellos en las nubes al encuentro del Señor en el aire, y así estaremos con el Señor siempre. Por tanto, confortaos unos a otros con estas palabras. I TESALONICENSES 4: 13-18

Mas, ¿qué dice? CERCA DE TI ESTÁ LA PALABRA, EN TU BOCA Y EN TU CORAZÓN, es decir, la palabra de fe que predicamos: que, si confiesas con tu boca a Jesús por Señor, y crees en tu corazón que Dios le resucitó de entre los muertos, serás salvo; porque con el corazón se cree para justicia, y con la boca se confiesa para salvación. Pues la Escritura dice: TODO EL QUE CREE EN ÉL NO SERÁ AVERGONZADO. Porque no hay distinción entre judío y griego, pues el mismo Señor es Señor de todos, abundando en riquezas para todos los que le invocan; porque: TODO AQUEL QUE INVOQUE EL NOMBRE DEL SEÑOR SERÁ SALVO. ROMANOS 10: 8-13

CAPITULO OCHO

MÚLTIPLES RESULTADOS DE LA SALVACIÓN

EL EVANGELIO - Nuestra Posición —
I Corintios 15:1-4

Ahora os hago saber, hermanos, el evangelio que os prediqué, el cual también recibisteis, en el cual también estáis firmes, por el cual también sois salvos, si retenéis la palabra que os prediqué, a no ser que hayáis creído en vano. Porque yo os entregué en primer lugar lo mismo que recibí: que Cristo murió por nuestros pecados, conforme a las Escrituras; que fue sepultado y que resucitó al tercer día, conforme a las Escrituras;

JUSTIFICADOS
Romanos 3: 21-24

Pero ahora, aparte de la ley, la justicia de Dios ha sido manifestada, atestiguada por la ley y los profetas; es decir, la justicia de Dios por medio de la fe en Jesucristo, para todos los que creen; porque no hay distinción; por cuanto todos pecaron y no alcanzan la gloria de Dios, siendo justificados gratuitamente por su gracia por medio de la redención que es en Cristo Jesús, a quien Dios exhibió públicamente como propiciación por su sangre a través de la fe, como demostración de su justicia, porque en su tolerancia, Dios pasó por alto los pecados cometidos anteriormente.

REDEMIDOS
Efesios 1: 3-9

Bendito sea el Dios y Padre de nuestro Señor Jesucristo, que nos ha bendecido con toda bendición espiritual en los lugares celestiales en Cristo, según nos escogió en Él antes de la fundación del mundo, para que fuéramos santos y sin mancha delante de Él. En amor nos predestinó para adopción como hijos para sí mediante Jesucristo, conforme al beneplácito de su voluntad, para alabanza de la gloria de su gracia que gratuitamente ha impartido sobre nosotros en el Amado. En Él tenemos redención mediante su sangre, el perdón de nuestros pecados según las riquezas de su gracia que ha hecho abundar para con nosotros. En toda sabiduría y discernimiento nos dio a conocer el misterio de su voluntad, según el beneplácito que se propuso en Él.

SANCTIFICADOS
I Corintios I: 26-I

Pues considerad, hermanos, vuestro llamamiento; no hubo muchos sabios conforme a la carne, ni muchos poderosos, ni muchos nobles; sino que Dios ha escogido lo necio del mundo, para avergonzar a los sabios; y Dios ha escogido lo débil del mundo, para avergonzar a lo que es fuerte; y lo vil y despreciado del mundo ha escogido Dios; lo que no es, para anular lo que es; para que nadie se jacte delante de Dios. Mas por obra suya estáis vosotros en Cristo Jesús, el cual se hizo para nosotros sabiduría de Dios, y justificación, y santificación, y redención, para que, tal como está escrito: EL QUE SE GLORÍA, QUE SE GLORÍE EN EL SEÑOR.

PERDONADOS
Colosenses 2: 8-I5

Mirad que nadie os haga cautivos por medio de su filosofía y vanas sutilezas, según la tradición de los hombres, conforme a los principios elementales del mundo y no según Cristo. Porque toda la plenitud de la Deidad reside corporalmente en Él, y habéis sido hechos completos en Él, que es la cabeza sobre todo poder y autoridad; en Él también fuisteis circuncidados con una circuncisión no hecha por manos, al quitar el cuerpo de la carne mediante la circuncisión de Cristo; habiendo sido sepultados con Él en el bautismo, en el cual también habéis resucitado con Él por la fe en la acción del poder de Dios, que le resucitó de entre los muertos. Y cuando estabais muertos en vuestros delitos y en la incircuncisión de vuestra carne, os dio vida juntamente con Él, habiéndonos perdonado todos los delitos, habiendo cancelado el documento de deuda que consistía en decretos contra nosotros y que nos era adverso, y lo ha quitado de en medio, clavándolo en la cruz. Y habiendo despojado a los poderes y autoridades, hizo de ellos un espectáculo público, triunfando sobre ellos por medio de Él.

BAPTIZADOS POR EL ESPIRITU SANTO
I Corintios I2: I3

Pues por un mismo Espíritu todos fuimos bautizados en un solo cuerpo, ya judíos o griegos, ya esclavos o libres, y a todos se nos dio a beber del mismo Espíritu. Porque el cuerpo no es un solo miembro, sino muchos.

GLORIFICADOS
Romanos 8: 15-17

Pues no habéis recibido un espíritu de esclavitud para volver otra vez al temor, sino que habéis recibido un espíritu de adopción como hijos, por el cual clamamos: ¡Abba, Padre! El Espíritu mismo da testimonio a nuestro espíritu de que somos hijos de Dios, y si hijos, también herederos; herederos de Dios y coherederos con Cristo, si en verdad padecemos con Él a fin de que también seamos glorificados con Él.

LLENOS DEL ESPIRITU SANTO
I Corintios 3:16;

¿No sabéis que sois templo de Dios y que el Espíritu de Dios habita en vosotros?

I Corintios 6: 19-20

¿O no sabéis que vuestro cuerpo es templo del Espíritu Santo, que está en vosotros, el cual tenéis de Dios, y que no sois vuestros? Pues por precio habéis sido comprados; por tanto, glorificad a Dios en vuestro cuerpo y en vuestro espíritu, los cuales son de Dios.

JUSTOS IMPUTADO
Romanos 1: 18-23

Porque la ira de Dios se revela desde el cielo contra toda impiedad e injusticia de los hombres, que con injusticia restringen la verdad; porque lo que se conoce acerca de Dios es evidente dentro de ellos, pues Dios se lo hizo evidente. Porque desde la creación del mundo, sus atributos invisibles, su eterno poder y divinidad, se han visto con toda claridad, siendo entendidos por medio de lo creado, de manera que no tienen excusa. Pues, aunque conocían a Dios, no le honraron como a Dios ni le dieron gracias, sino que se hicieron vanos en sus razonamientos y su necio corazón fue entenebrecido. Profesando ser sabios, se volvieron necios, y cambiaron la gloria del Dios incorruptible por una imagen en forma de hombre corruptible, de aves, de cuadrúpedos y de reptiles.

Isaías 61: 10

En gran manera me gozaré en el SEÑOR, mi alma se regocijará en mi Dios; porque Él me ha vestido de ropas de salvación, me ha envuelto en manto de justicia como el novio se engalana con una corona, como la novia se adorna con sus joyas.

VIVIFICADO
Efesios 2: 1-10

Y Él os dio vida a vosotros, que estabais muertos en vuestros delitos y pecados, en los cuales anduvisteis en otro tiempo según la corriente de este mundo, conforme al príncipe de la potestad del aire, el espíritu que ahora opera en los hijos de desobediencia, entre los cuales también todos nosotros en otro tiempo vivíamos en las pasiones de nuestra carne, satisfaciendo los deseos de la carne y de la mente, y éramos por naturaleza hijos de ira, lo mismo que los demás. Pero Dios, que es rico en misericordia, por causa del gran amor con que nos amó, aun cuando estábamos muertos en nuestros delitos, nos dio vida juntamente con Cristo (por gracia habéis sido salvados), y con Él nos resucitó, y con Él nos sentó en los lugares celestiales en Cristo Jesús, a fin de poder mostrar en los siglos venideros las sobreabundantes riquezas de su gracia por su bondad para con nosotros en Cristo Jesús. Porque por gracia habéis sido salvados por medio de la fe, y esto no de vosotros, sino que es don de Dios; no por obras, para que nadie se gloríe. Porque somos hechura suya, creados en Cristo Jesús para hacer buenas obras, las cuales Dios preparó de antemano para que anduviéramos en ellas.

ADOPTADOS
Romanos 8: 12-17

Así que, hermanos, somos deudores, no a la carne, para vivir conforme a la carne, porque si vivís conforme a la carne, habréis de morir; pero si por el Espíritu hacéis morir las obras de la carne, viviréis. Porque todos los que son guiados por el Espíritu de Dios, los tales son hijos de Dios. Pues no habéis recibido un espíritu de esclavitud para volver otra vez al temor, sino que habéis recibido un espíritu de adopción como hijos, por el cual clamamos: ¡Abba, Padre! El Espíritu mismo da testimonio a nuestro espíritu de que somos hijos de Dios, y si hijos, también herederos; herederos de Dios y coherederos con Cristo, si en verdad padecemos con Él a fin de que también seamos glorificados con Él.

TRANSLADADOS Y VIVIFICADO
Colosenses 1: 13-14

Porque Él nos libró del dominio de las tinieblas y nos trasladó al reino de su Hijo amado, en quien tenemos redención: el perdón de los pecados.

RECONCILIADO
II Corintios 5: 18

De manera que nosotros de ahora en adelante ya no conocemos a nadie según la carne; aunque hemos conocido a Cristo según la carne, sin embargo, ahora ya no le conocemos así. De modo que, si alguno está en Cristo, nueva criatura es; las cosas viejas pasaron; he aquí, son hechas nuevas.

Y todo esto procede de Dios, quien nos reconcilió consigo mismo por medio de Cristo, y nos dio el ministerio de la reconciliación; a saber, que Dios estaba en Cristo reconciliando al mundo consigo mismo, no tomando en cuenta a los hombres sus transgresiones, y nos ha encomendado a nosotros la palabra de la reconciliación. Por tanto, somos embajadores de Cristo, como si Dios rogara por medio de nosotros; en nombre de Cristo os rogamos: ¡Reconciliaos con Dios! Al que no conoció pecado, le hizo pecado por nosotros, para que fuéramos hechos justicia de Dios en Él.

VIDA ETERNA
Efesios 2: 5-7

aun cuando estábamos muertos en nuestros delitos, nos dio vida juntamente con Cristo (por gracia habéis sido salvados), y con Él nos resucitó, y con Él nos sentó en los lugares celestiales en Cristo Jesús, a fin de poder mostrar en los siglos venideros las sobreabundantes riquezas de su gracia por su bondad para con nosotros en Cristo Jesús.

¿Entonces qué? De acuerdo con lo examinado, toda la gloria se la damos a Cristo el cual nos ha dado la reconciliación según su beneplácito deseo y nos ha hecho coherederos de su gloria. Tenemos vida eterna junto con él.

CAPITULO NUEVE

LA HISTORIA DE LA HUMANIDAD

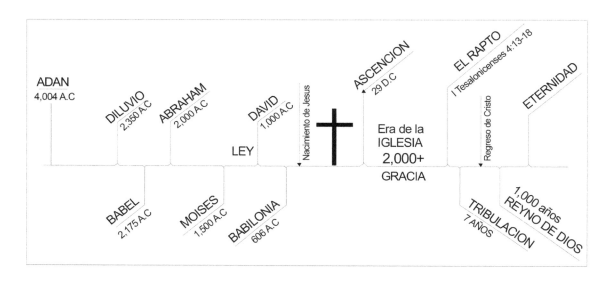

Recapitulando lo que previamente habíamos descripto; desde Adán al diluvio hay un período de unos 1,600 años, durante el cual, toda la raza humana tuvo la oportunidad de tener un conocimiento de Dios; de acuerdo con las normas que les dio a Caín y Abel, que, si cuando pecaran, traían un sacrificio de sangre, Dios lo aceptaría como la prueba de su fe y obediencia y los perdonaría, pero, para la mayor parte de la raza humana, entonces al igual de cómo es ahora, pisotearon la ordenanza, y finalmente Dios tuvo que destruirlos.

Regresando a nuestra línea de tiempo, tenemos otro evento importante que tuvo lugar entre el diluvio universal con el relato de Noé y la aparición de Abraham, aproximadamente en el año 2,200 A.C. o 200 años antes de Abraham y este relato fue la Torre de Babel.

Lo que siempre me gusta enfatizar cuando nos referimos a la Torre de Babel, es que cada religión falsa, cada religión pagana, cada culto, cada mitología, cada religión idólatra, tiene sus raíces en la Torre de Babel. Recuerden que Dios había ordenado a la humanidad que se dispersaran después de la inundación, y no lo hicieron. Así que ese grupo de personas estaban decididos a encontrar una disyuntiva de equivocada manera para acercarse a Dios, y esa fue toda la idea de la Torre de Babel.

Era un lugar de falsa adoración. Así que desde la Torre de Babel durante los próximos 200 años la raza humana sólo iba de mal en peor, profundizándose en las religiones falsas.

Para la llamada de Abraham en el año 2,000 A.C., sostengo que no había sobre la faz de la tierra, un solo humano creyente en el verdadero Dios. Una vez más toda la raza humana había sucumbido a las religiones falsificadas de Satanás que habían comenzado en Babel. En otras palabras, todos eran idólatras, incluyéndose al propio Abraham.

Así que después de ese desastre en la Torre de Babel, Dios hace algo totalmente diferente cuando Él llama a Abraham. Recuerden que; desde Adán a Abraham, transcurrió aproximadamente 2,000 años que la humanidad tuvo la oportunidad de experimentar una salvación como la tuvo Adán, Abel, Noé, etc., pero en su mayor parte, la humanidad la había rechazado.

Así que Dios había visto en 2,000 años de historia humana que el hombre no accedería a Su ofrecimiento de simplemente ser obediente y creer lo que dijo, y así entonces hiso algo totalmente diferente, llamo a este hombre Abram (Abraham). Dios va a sacar de ese río de la humanidad que se dirigía a una eternidad perdida, a este hombre Abraham. Dios le dio un convenio que se relata en el capítulo 12 de Génesis, y le dice, "que de él vendría una nación, la nación de Israel o como mejor los conocemos **"los judíos"**. Así que desde el capítulo Génesis 12 hasta nuestro Nuevo Testamento, la Biblia está tratando casi totalmente con la nación de Israel.

Génesis 12:1-3
"Y el Señor dijo a Abram: Vete de tu tierra, de entre tus parientes y de la casa de tu padre, a la tierra que yo te mostraré. Haré de ti una nación grande, y te bendeciré, y engrandeceré tu nombre, y serás bendición. Bendeciré a los que te bendigan, y al que te maldiga, maldeciré Y en ti serán benditas todas las familias de la tierra."

Dios puso a ese grupo de personas en una zona geográfica en un territorio entre el Mar Mediterráneo y el río Jordán, que llamamos Tierra Santa. Los antiguos incluso antes de Abraham, por una razón u otra se referían a esa tierra como la tierra "Divina", y realmente no sabían por qué. Era evidente que Dios tenía el dedo en ese pequeño pedazo de territorio.

Después de que a Abraham se le había prometido 1.- una nación de personas, 2.- en una zona geográfica de tierra, 3.- la tercera parte de ese convenio, era la venida de un gobierno, en la persona de un Rey.

Así que aquí está el comienzo, entonces, de Dios tratando con la nación de Israel, bajo las promesas del convenio, y está registrando las bases para la venida de su Rey que sería el único gobierno total aquí en la tierra. Sabemos que el sentido común nos dice que no podemos tener una nación de personas operando como sociedad si no hay algún tipo de gobierno, porque entonces todo lo que tienes es anarquía. Por supuesto que eso sucedió a menudo en la historia de Israel. El Libro de los Jueces nos lo dice tan claramente como vemos en el último capítulo, versículo 25 del Libro. Bueno, eso es anarquía, ¡pero tenían esa promesa constante frente a ellos, de que llegaría el momento en que Dios proporcionaría su gobierno en la persona del Rey, el Mesías, que sería el Hijo de Dios!

Así que todo el Antiguo Testamento, ya sea historia, Salmos o los Libros de los profetas, están preparando a la nación de Israel para la venida de su Rey, de su Mesías, su Redentor, porque tenía que haber salvación antes de que cualquiera de las demás promesas pudiera llegar a su compleción.

Mateo 16:13-16
Cuando llegó Jesús a la región de Cesárea de Filipo, preguntó a sus discípulos, diciendo: ¿Quién dicen los hombres que es el Hijo del Hombre? Y ellos dijeron: Unos, Juan el Bautista; y otros, Elías; pero otros, Jeremías o uno de los profetas. Él les dijo: Y vosotros, ¿quién decís que soy yo? Respondiendo Simón Pedro, dijo: Tú eres el Cristo, el Hijo del Dios viviente. Y Jesús, respondiendo, le dijo: Bienaventurado eres, Simón, hijo de Jonás, porque esto no te lo reveló carne ni sangre, sino mi Padre que está en los cielos.

Cuando leemos esa porción, vemos que, Pedro no agregó nada sobre la cruz a su profesión de fe porque no sabía nada acerca de la cruz. Pedro no dice una palabra acerca de la resurrección, porque no sabe acerca de la resurrección, y sin embargo Pedro dijo todo lo que había que decir, porque Jesús nunca dijo una palabra en contra de ella, sino que lo elogió diciendo:

Mateo 16:17
"Y Jesús, respondiendo, le dijo: Bienaventurado eres, Simón, hijo de Jonás, porque esto no te lo reveló carne ni sangre, sino mi Padre que está en los cielos.

¿Pedro tenía razón? Absolutamente tenía razón, y lo vemos a lo largo del relato de cuatro evangelios. Marta estaba en el relato de la muerte de Lázaro, y ella estaba un poco ansiosa sabiendo que Jesús había estado ausente cuando Él debería haber estado allí para curarlo de su cama enferma, pero la respuesta de Jesús fue ¿qué?

Juan 11:23-27

"Jesús le dijo: Tu hermano resucitará. Marta le contestó: Yo sé que resucitará en la resurrección, en el día final. Jesús le dijo: Yo soy la resurrección y la vida; el que cree en mí, aunque muera, vivirá, y todo el que vive y cree en mí, no morirá jamás. ¿Crees esto? Ella le dijo: Sí, Señor; yo he creído que tú eres el Cristo, el Hijo de Dios, el que viene al mundo cree en mí, aunque estaba muerto, sin embargo, vivirá. Y quien viva y creer en mí nunca morirá. ¿Te crees esto? Ella le dijo: Sí, Señor, creo que tú eres el Cristo, el Hijo de Dios, que debe entrar en el mundo."

El siguiente evento de gran importancia es la conversión de Saúl. Antes del inicio del Evangelio de Gracia. Saúl tiene esa tremenda experiencia de conversión en el camino a Damasco, cuando iba persiguiendo a los judíos conversos. Cristo se le aparece y lo ciega y le da ordenes que vaya a la Damasco donde recibiría instrucciones; Ananías un Gentil converso lo visita en casa de Judas y le informa que Cristo lo había mandado para que orase por él. Ananías pone su mano sobre él y de inmediato Saul recobre la vista. Después de que su cuerpo se repuso con comida, y había recuperado la vista, va directamente a la sinagoga de los judíos, a predicar, ¿y qué predica?:

Hechos 9:20

"Y de inmediato predicó en las sinagogas a cerca de Cristo, que él es el Hijo de Dios."

Así que todo el empuje de las promesas del Antiguo Testamento es que su gobierno, en la persona del Rey, Mesías y Redentor, algún día vendría a la nación de Israel. Bueno, ahora sabemos por la historia, así como por el Libro, que Israel en su mayor parte no creía quién era Jesús. Sólo un pequeño porcentaje creía que Él era el Prometido, por lo que la mayoría clamó por Su muerte en el momento de su crucifixión; ahí es donde tenemos otra declaración clásica, que fue palabra por palabra de las Escrituras del Antiguo Testamento: *"¡No tendremos a este hombre para gobernar sobre nosotros!"*

Así que Roma lo llevó a cabo haciendo una coalición a petición de Israel y fue crucificado. Muy bien, eso nos lleva a esa zona de la línea de tiempo más allá de la cruz cuando Israel ahora, debido a su rechazo, es canalizado de nuevo a la corriente principal de la humanidad que llamamos la dispersión. Fue aquí cuando fueron enviados a todas las naciones bajo el cielo. Aquí es cuando el templo fue destruido, y el sacerdocio fue destruido, y cuando Israel casi pierde su identidad nacional, sin duda, a medida que se dispersan en la línea principal de humanidad. Y todo fue porque rechazaron su Mesías y su oportunidad para su rey. Pero verás, a pesar de que Satanás pudo haber pensado que había ganado la victoria aquí, puede haber pensado que estaba cerca de destruir todo lo que se profetizó a través de la nación de Israel. Pero Satanás no sabía que poco antes del 70 D.C. cuando el templo sería destruido, Dios levantaría al otro apóstol, el apóstol Pablo.

Fue a través de la predicación de Pablo del Evangelio de la Gracia de Dios; Dios nombra a un pueblo por Su nombre como la Biblia llama: el Cuerpo de Cristo, que es la Iglesia. Es un nuevo concepto que nunca se conoció aquí en el Antiguo Testamento o los cuatro evangelios o incluso en el libro de Hechos en sus primeros capítulos. No tenían idea de que Dios, sin Israel, sacaría de la corriente principal de la humanidad Gentil, así como de los judíos, y los pondría en una entidad, el Cuerpo de Cristo, que llamamos la Iglesia, y todo es por Gracia de Cristo.

Y así aquí en la línea de tiempo unos años después de la cruz; me gusta llamar a esto desconocido período de tiempo; la Era de Gracia, el llamado de un pueblo por Su nombre.

Este período ha estado sucediendo ahora durante más de 1,950 años. Entonces, cuando la Iglesia este completa y llena, Dios la sacara de este mundo que se prepara para el despliegue de la Ira de Dios. Soy un firme creyente del Rapto de la Iglesia que sucederá poco antes del comienzo de esos últimos siete años. El Antiguo Testamento profetizó estos últimos siete años de Tribulación, y siempre la dividió en, 3 ½ y 3 ½ años de duración, antes del segundo advenimiento de Cristo.

Así que a medida que llegamos al final de la Era de la Iglesia donde ella es sacada del camino por lo que llamamos el Rapto, o arrebatamiento, para que Dios puede terminar donde Él había dejado a Israel, de vuelta aquí donde crucificaron a su rey.

Tesalonicenses 5: 9-10
Porque no nos ha destinado Dios para ira, sino para obtener salvación por medio de nuestro Señor Jesucristo, que murió por nosotros, para que ya sea que estemos despiertos o dormidos, vivamos juntamente con Él.

Una vez más, sabemos que la Escritura es tan meticulosa que a través de las profecías nos revela la historia de lo que aconteció, como lo que habrá de venir. Yo supongo que podría llevarte de vuelta, al menos mentalmente, a Daniel capítulo 2. Y ¿recuerdas ese gran sueño de Nabucodonosor y cómo perdió su sueño y no podía recordarlo? Pero Daniel fue sacado de su encarcelamiento y debido a que pudo dar su interpretación, fue elevado al segundo cargo mayor en el reino. El sueño, que recuerdan que era una gran imagen como la de un hombre humano. Y su cabeza estaba hecha de oro. La zona del pecho era hecha de plata. La zona del vientre de latón. Las patas de hierro. Y luego los diez dedos de los pies fueron hechos de mezcla de hierro y arcilla.

Quiero hacerles visualizar, que al bajar la línea de estos metales vamos desde el más valioso, el oro, hasta lo menos valioso, el hierro, y que ni siquiera era bueno para nada siendo ese de hierro y la arcilla. Pero Las Escrituras dicen que Babilonia fue ese primer imperio. Fue el imperio más grande del mundo, de esa época que se había visto. Pero lo sorprendente que dice es que un imperio inferior lo destruiría. ¿Cómo podría llamar a un imperio que derrotaría a otro imperio "inferior"? Bueno, cuando bajas estos metales, como ya he mencionado, pasas de oro a plata, a bronce, a hierro, que estos están disminuyendo de valor, pero están aumentando en su dureza, o su capacidad de ser utilizados para la fabricación. Así que lo que tenemos es un valor descendente que muestra la capacidad descendente del gobierno para gobernar, desde un dictador absoluto como Nabucodonosor, hasta los medes y persas que ahora debían tener el consenso de dos para el Imperio griego que se dividió ante 4 generales (había que tener un consenso de cuatro) y luego se llega al Imperio Romano, que fue la primera república en la historia de la humanidad. Sí, los romanos tenían un senado. Si recuerdas correctamente fue un senador quien asesinó a Julio César. Y luego te reduces a un consorcio de material más débil y ese es el hierro y la arcilla, que creemos que es el renovado Imperio Romano.

Ahora bien, ¿qué es lo contrario? Bueno, a medida que ascendían en el poder militar, descendían en el poder político. Esa es la forma más rápida en que puedo explicarlo. Y así todo a través de la historia humana va aumentando en el poder militar de un reino al siguiente. Pero a medida que el siguiente imperio llega y divide la autoridad, debilitan su estructura política.

Sabes que amamos la democracia, absolutamente lo hacemos. Pero cuando se trata de conseguir cosas por hacer, es el gobierno más ineficiente que el hombre jamás creo. Sin embargo, podemos ver que proféticamente el mundo tuvo que venir al lugar donde estamos hoy en día. Y es que cada pequeña nación de aquí a Nigeria quiere tener una forma democrática del gobierno. ¿Quién habría soñado hace 70 años que el mundo en general estaría bajo formas democráticas de gobierno? ¡Es profético! Cuando llegas a los diez dedos de la visión de Nabucodonosor, todos nuestros gobiernos demócratas son tan débiles como el hilo de algodón. Y si no crees que todo lo que tienes que hacer es mirar lo que pasó en Albania hace unos años. Justo por encima del hecho de perder sus inversiones, la pequeña nación entró en anarquía total. Bueno, eso nunca habría sucedido bajo un fuerte dictador armado. Pero bajo una forma de gobierno de república, o una forma democrática de gobierno, el pueblo puede derrocar a un gobierno simplemente marchando por la calle. Y esto es lo que causa la inestabilidad.

Así que, en el transcurso del crecimiento de la Iglesia, culminara siendo raptada en el aire, encontrándonos con nuestro Señor Jesucristo para que luego empiecen los 7 años de tribulación que viene a su fin con la segunda venida de Cristo como ya he mostrado aquí en la línea de tiempo. En ese momento Cristo regresará en Su Segunda Venida y luego será listo para establecer el Reino que se le prometió a Israel desde Génesis capítulo 12. Todo el panorama de la historia humana de Adán a la cruz, a la llamada del Cuerpo de Cristo, la Iglesia, con lo que la Tribulación entrará bajo el gobierno del anticristo, otro gobernante mundial. Y entonces al final de que Cristo regresa victoriosamente la tierra volverá después de muchos cambios catastróficos volverá como estaba en el Jardín del Edén. Y luego entramos en esos últimos 1,000 años en los que Él gobernará y reinará como Rey de Reyes y Señor de los Señores.

TERCERA PARTE

DEUTERONOMEO 29: 29

Las cosas secretas pertenecen a Jehová nuestro Dios; más las reveladas son para nosotros y para nuestros hijos para siempre, para que cumplamos todas las palabras de esta ley.

MISTERIOS

Misterio de Su Voluntad: Efesios 1:9

Misterio de Cristo: Efesios 3:4

Misterio del Cuerpo de Cristo: Colosenses 1:25...

Misterio de Dios: Colosenses 2:2

Misterio de la Piedad 1 Timoteo 3: 15,16

Misterio de la cegera de Israel: Romanos 11: 25-28

Misterio del arrevatamiento: 1 Corintios 15: 51,52
1 Tesalonisenses: 16,17

Misterio de la iniquidad: 2 Tesalonisenses;2:7

EFESIOS I: 3-14

[3]Bendito sea el Dios y Padre de nuestro Señor Jesucristo, que nos bendijo con toda bendición espiritual en los lugares celestiales en Cristo,

[4] según nos escogió en él antes de la fundación del mundo, para que fuésemos santos y sin mancha delante de él,

[5] en amor habiéndonos predestinado para ser adoptados hijos suyos por medio de Jesucristo, según el puro afecto de su voluntad,

[6] para alabanza de la gloria de su gracia, con la cual nos hizo aceptos en el Amado,

[7] en quien tenemos redención por su sangre, el perdón de pecados según las riquezas de su gracia,

[8] que hizo sobreabundar para con nosotros en toda sabiduría e inteligencia,

[9] dándonos a conocer el misterio de su voluntad, según su beneplácito, el cual se había propuesto en sí mismo,

[10] de reunir todas las cosas en Cristo, en la dispensación del cumplimiento de los tiempos, así las que están en los cielos, como las que están en la tierra.

[11] en él asimismo tuvimos herencia, habiendo sido predestinados conforme al propósito del que hace todas las cosas según el designio de su voluntad,

[12] a fin de que seamos para alabanza de su gloria, nosotros los que primeramente esperábamos en Cristo.

[13] en él también vosotros, habiendo oído la palabra de verdad, el evangelio de vuestra salvación, y habiendo creído en él, fuisteis sellados con el Espíritu Santo de la promesa,

[14] que es las arras de nuestra herencia hasta la redención de la posesión adquirida, para alabanza de su gloria.

EFESIOS 3: I-5

[I] por esta causa yo Pablo, prisionero de Cristo Jesús por vosotros los gentiles;

[2] si es que habéis oído de la administración de la gracia de Dios que me fue dada para con vosotros;

[3] que por revelación me fue declarado el misterio, como antes lo he escrito brevemente,

[4] leyendo lo cual podéis entender cuál sea mi conocimiento en el misterio de Cristo,

[5] misterio que en otras generaciones no se dio a conocer a los hijos de los hombres, como ahora es revelado a sus santos apóstoles y profetas por el Espíritu:

COLOSENSES I: 24-28

Ministerio de Pablo a los gentiles

²⁴ ahora me gozo en lo que padezco por vosotros, y cumplo en mi carne lo que falta de las aflicciones de Cristo por su cuerpo, que es la iglesia;

²⁵ de la cual fui hecho ministro, según la administración de Dios que me fue dada para con vosotros, para que anuncie cumplidamente la palabra de Dios,

²⁶ el misterio que había estado oculto desde los siglos y edades, pero que ahora ha sido manifestado a sus santos,

²⁷ a quienes Dios quiso dar a conocer las riquezas de la gloria de este misterio entre los gentiles; que es Cristo en vosotros, la esperanza de gloria,

²⁸ a quien anunciamos, amonestando a todo hombre, y enseñando a todo hombre en toda sabiduría, a fin de presentar perfecto en Cristo Jesús a todo hombre;

COLOSENSES 2: 1-3

1Porque quiero que sepáis cuán gran lucha sostengo por vosotros, y por los que están en Laodicea, y por todos los que nunca han visto mi rostro;

² para que sean consolados sus corazones, unidos en amor, hasta alcanzar todas las riquezas de pleno entendimiento, a fin de conocer el misterio de Dios el Padre, y de Cristo,

³ en quien están escondidos todos los tesoros de la sabiduría y del conocimiento.

I TIMOTEO 3: 15-16

El misterio de la piedad

¹⁴ esto te escribo, aunque tengo la esperanza de ir pronto a verte, ¹⁵ para que, si tardo, sepas cómo debes conducirte en la casa de Dios, que es la iglesia del Dios viviente, columna y baluarte de la verdad. ¹⁶ E indiscutiblemente, grande es el misterio de la piedad:
Dios fue manifestado en carne,
Justificado en el Espíritu,
Visto de los ángeles,

Predicado a los gentiles,
Creído en el mundo,
Recibido arriba en gloria.

ROMANOS 11: 25-28

<u>La restauración de Israel</u>

[25] porque no quiero, hermanos, que ignoréis este misterio, para que no seáis arrogantes en cuanto a vosotros mismos: que ha acontecido a Israel endurecimiento en parte, hasta que haya entrado la plenitud de los gentiles;
[26] y luego todo Israel será salvo, como está escrito:
Vendrá de Sion el Libertador,
Que apartará de Jacob la impiedad.
[27] y este será mi pacto con ellos,
Cuando yo quite sus pecados. [28] así que, en cuanto al evangelio, son enemigos por causa de vosotros; pero en cuanto a la elección, son amados por causa de los padres. [29] porque irrevocables son los dones y el llamamiento de Dios.

I CORINTIOS 15: 50,53

<u>MISTERIO DEL ARREVATAMIENTO</u>

[50] pero esto digo, hermanos: que la carne y la sangre no pueden heredar el reino de Dios, ni la corrupción hereda la incorrupción.

[51] he aquí, os digo un misterio: No todos dormiremos; pero todos seremos transformados,

[52] en un momento, en un abrir y cerrar de ojos, a la final trompeta; porque se tocará la trompeta, y los muertos serán resucitados incorruptibles, y nosotros seremos transformados.

[53] porque es necesario que esto corruptible se vista de incorrupción, y esto mortal se vista de inmortalidad.

I TESALONISENSES 16: 17

La venida del Señor

[13] tampoco queremos, hermanos, que ignoréis acerca de los que duermen, para que no os entristezcáis como los otros que no tienen esperanza.

[14] porque si creemos que Jesús murió y resucitó, así también traerá Dios con Jesús a los que durmieron en él.

[15] por lo cual os decimos esto en palabra del Señor: que nosotros que vivimos, que habremos quedado hasta la venida del Señor, no precederemos a los que durmieron.

[16] porque el Señor mismo con voz de mando, con voz de arcángel, y con trompeta de Dios, descenderá del cielo; y los muertos en Cristo resucitarán primero.

[17] luego nosotros los que vivimos, los que hayamos quedado, seremos arrebatados juntamente con ellos en las nubes para recibir al Señor en el aire, y así estaremos siempre con el Señor.

[18] por tanto, alentaos los unos a los otros con estas palabras.

2 TESALONISENSES 2: 1- 17

Manifestación del hombre de pecado

[1] pero con respecto a la venida de nuestro Señor Jesucristo, y nuestra reunión con él, os rogamos, hermanos,

[2] que no os dejéis mover fácilmente de vuestro modo de pensar, ni os conturbéis, ni por espíritu, ni por palabra, ni por carta como si fuera nuestra, en el sentido de que el día del Señor está cerca.

[3] nadie os engañe en ninguna manera; porque no vendrá sin que antes venga la apostasía, y se manifieste el hombre de pecado, el hijo de perdición,

[4] el cual se opone y se levanta contra todo lo que se llama Dios o es objeto de culto; tanto que se sienta en el templo de Dios como Dios, haciéndose pasar por Dios.

[5] ¿No os acordáis de que cuando yo estaba todavía con vosotros, os decía esto?

[6] y ahora vosotros sabéis lo que lo detiene, a fin de que a su debido tiempo se manifieste.

⁷ porque ya está en acción el misterio de la iniquidad; sólo que hay quien al presente lo detiene, hasta que él a su vez sea quitado de en medio.

⁸ y entonces se manifestará aquel inicuo, a quien el Señor matará con el espíritu de su boca, y destruirá con el resplandor de su venida;

⁹ inicuo cuyo advenimiento es por obra de Satanás, con gran poder y señales y prodigios mentirosos,

¹⁰ y con todo engaño de iniquidad para los que se pierden, por cuanto no recibieron el amor de la verdad para ser salvos.

¹¹ por esto Dios les envía un poder engañoso, para que crean la mentira,

¹² a fin de que sean condenados todos los que no creyeron a la verdad, sino que se complacieron en la injusticia.

Escogidos para salvación

¹³ pero nosotros debemos dar siempre gracias a Dios respecto a vosotros, hermanos amados por el Señor, de que Dios os haya escogido desde el principio para salvación, mediante la santificación por el Espíritu y la fe en la verdad,

¹⁴ a lo cual os llamó mediante nuestro evangelio, para alcanzar la gloria de nuestro Señor Jesucristo.

¹⁵ así que, hermanos, estad firmes, y retened la doctrina que habéis aprendido, sea por palabra, o por carta nuestra.

¹⁶ y el mismo Jesucristo Señor nuestro, y Dios nuestro Padre, el cual nos amó y nos dio consolación eterna y buena esperanza por gracia,

¹⁷ conforte vuestros corazones, y os confirme en toda buena palabra y obra.

Llegamos al cierre de esta exposición y creo que, si has llegado a leer por completo este relato, podrás darte cuenta que es aterrador lo que la historia nos ha construido y más que todo, que fue elaborándose con falsos rumores que fueron exponencialmente edificando y que la mayoría los da como certero.

Es un enorme error concebir que el pasado es una sucesión de rocas solidas que fueron edificando un camino de certidumbres que en realidad son inciertas y que definen un camino ancho que al parecer es fácil de transitar pero que su destino final nos lleva al precipicio. Un camino lleno de espejismos que nos incitan a continuar con esa creencia y en nuestro paupérrimo esfuerzo por enterarnos de lo que en realidad Dios quiere para nosotros, nos vemos sin esperanza llenos de confusiones dejando a la deriva lo que nuestra Biblia nos quiere regalar.

Desde la esencia al esencialismo, existe un camino estrecho pero que nos llevará por el camino sagrado, donde su destino será un mundo sin sufrimientos, gozando de los bienestares divinos, donde no existe ni el pecado, ni la muerte y donde compartiremos con la gloria divina, y todo gracias a la Gracia de Cristo Jesús, él es la Cabeza y nosotros los creyentes que asentamos su sacrificio para justificarnos nos hizo Cuerpo y nos unió junto con El, para vivir eternamente en su Gloria.

La única forma que podemos alcanzar un entendimiento exhaustivo es primeramente aceptando el sacrificio de Jesucristo en la cruz, su muerte y resurrección, tomando como pago de nuestros pecados y dándonos vida eterna junto a él.

I Corintios 15: I-4

Además, os declaro, hermanos, el evangelio que os he predicado, el cual también recibisteis, en el cual también perseveráis; 2 por el cual, asimismo, si retenéis la palabra que os he predicado, sois

salvos, si no creísteis en vano. 3 primeramente os he enseñado lo que asimismo recibí: Que Cristo murió por nuestros pecados, conforme a las Escrituras; 4 que fue sepultado y que resucitó al tercer día, conforme a las Escrituras.

Una vez ya aceptando la propuesta, tenemos al Espíritu Santo para darnos a entender lo que Dios quiere enseñarnos, de otra manera no podremos entender la Biblia si es que no tenemos al Espíritu Santo, ya que Él es quien nos instruye, nos santifica y nos lleva a su gloria.

Pudimos ver como de una manera sistemática de estudio nos clarifica el camino a seguir y esto es separando los periodos en dispensaciones que ultimadamente nos han traído a esta era de la Gracia, sin mezclar ordenanzas que pertenecen a otros periodos. Ni las leyes, ni Jesús en su ministerio a los judíos, ni a los 12 apóstoles, quienes solo evangelizaron a los judíos, con el evangelio del Reino de Dios aquí en la tierra, sino solamente a las doctrinas del Apóstol Pablo a quien se le revelo el evangelio de la Gracia lo que ahora nos rige. En sus epístolas desde Romanos hasta Filemón esta toda nuestra doctrina la cual debemos de seguir con amplitud y entusiasmo ya que es la verdad que nos da la libertad, pudiendo enfrentarnos al actual mundo que cada día está en peor estado.

El tradicionalismo es la peor arma que puedes tener en tu defensa, ella te llevara a negar la verdad de lo que estas leyendo y a poner escusas a lo planteado. Te entiendo, pero no te escuso ya que la ignorancia no es una excusa y si quieres saber la verdad te incito a que agarres tu Biblia y te pongas a indagar su veracidad. Yo te escribo con palabras sencilla para hacerme entender, pero La Biblia es una multidimensional revelación que mientras más la lees, más descubrirás lo perfecta que es, ya que tiene muchas capas de estudio que se concuerdan mutuamente, y aparte de los ataques que ha sufrido durante siglos, sigue siendo el mejor libro escrito en toda su historia.

Te invito a ser parte de la familia de Dios, a que conozcas a nuestro Creador, Dios y Señor quien tiene un perfecto plan para tu vida, si lo aceptas El nunca de defraudara.

Gálatas 5:1_ 16-26

1Estad, pues, firmes en la libertad con que Cristo nos hizo libres y no estéis otra vez sujetos al yugo de esclavitud, …

[16] digo, pues: Andad en el Espíritu, y no satisfagáis los deseos de la carne, [17] porque el deseo de la carne es contra el Espíritu y el del Espíritu es contra la carne; y estos se oponen entre sí, para que no hagáis lo que quisierais. [18] pero si sois guiados por el Espíritu, no estáis bajo la Ley. [19] manifiestas son las obras de la carne, que son: adulterio, fornicación, inmundicia, lujuria, [20]

idolatría, hechicerías, enemistades, pleitos, celos, iras, contiendas, divisiones, herejías, [21] envidias, homicidios, borracheras, orgías, y cosas semejantes a éstas. En cuanto a esto, os advierto, como ya os he dicho antes, que los que practican tales cosas no heredarán el reino de Dios.

[22] pero el fruto del Espíritu es amor, gozo, paz, paciencia, benignidad, bondad, fe, [23] mansedumbre, templanza; contra tales cosas no hay ley. [24] pero los que son de Cristo han crucificado la carne con sus pasiones y deseos. [25] si vivimos por el Espíritu, andemos también por el Espíritu. [26] no busquemos la vanagloria, irritándonos unos a otros, envidiándonos unos a otros.

Creyendo en el sacrificio de Jesucristo en la cruz, su muerte y al tercer día su resurrección se empieza, no hay nada más que añadirle... **tu escoges**.

En Conclusión:

1.- Yendo a la iglesia (uno o todos los días) ... ¡NO TE SALVA!

2.- Siendo miembro de alguna iglesia... ¡NO TE SALVA!

3.- Donando todo tu dinero... ¡NO TE SALVA!

4.- Siendo austero y viniendo de buena familia... ¡NO TE SALVA!

Solo podrás estar salvo, aceptando el sacrificio de Sangre, que Jesucristo derramo en la cruz al morir, para pagar por tus pecados; fue sepultado y al tercer día resucito, como está escrito y luego ascendió para regresar en una segunda venida para establecer su Reino.

Si crees en este evangelio, estarás salvo; sino ya estas condenado.

Creyendo en el sacrificio de Jesucristo en la cruz, su muerte y al tercer día su resurrección se empieza, no hay nada más que añadirle ya que con la ayuda del Espíritu Santo podrás entender su Palabra, de otra manera no.

TU DECIDES.

Maranatha ¡EL SEÑOR YA LLEGA!